토픽 54번 쓰기의 모든 것

토픽 54번
쓰기의 모든 것

초판 1쇄 발행 2022년 8월 24일
초판 3쇄 발행 2024년 10월 15일

지은이 박미경 · 권제은
펴낸이 박찬익
책임편집 권효진
펴낸곳 ㈜박이정 **주소** 경기도 하남시 조정대로45 미사센텀비즈 8층 F827호
전화 031)792-1195 **팩스** 02)928-4683 **홈페이지** www.pijbook.com
이메일 pijbook@naver.com **등록** 2014년 8월 22일 제2020-000029호

ISBN 979-11-5848-816-1 (13710)

* 책값은 뒤표지에 있습니다.

토픽 54번 쓰기의 모든 것

ALL ABOUT KOREAN TOPIK WRITING

박미경·권제은 지음

TOPIK
54번 쓰기
완벽 대비

(주)박이정

머리말

    갈수록 한국어능력시험(TOPIK)에 대한 관심이 뜨거워지고 있습니다. 토픽 시험 합격이 한국어를 공부하는 학습자들에게 자신감을 심어주고, 나아가 새로운 가능성과 기회를 열어주기 때문일 것입니다. 이제 토픽 성적이 발표되는 날은 기쁨과 실망이 교차하고 축하와 위로를 주고받는 날이 되었습니다. 그런데 시험이 끝나면 자신의 쓰기 점수에 실망한 학생들의 고민은 더 깊어지고 동시에 한국어 선생님들도 지도 방법을 다시 고민하게 됩니다. 이 책은 TOPIK 54번을 잘 쓰고 싶은, 수많은 외국 학생들의 고민에 응답하기 위한 책이라고 할 수 있습니다. 어떻게 하면 성적을 올릴 수 있는지, 쓰기 시험을 어떻게 준비해야 하는지에 대한 학생들의 질문에 나름대로 대답은 했지만 충분하지 않았기에 이번 책을 시작하게 되었습니다.

    글을 잘 쓰기 위해서는 주제를 다루는 능력, 바른 문장을 쓸 수 있는 능력이 필요합니다. 특히, TOPIK 54번의 경우 각종 사회 현상에 대한 배경지식도 있어야 하며 내용 구성 능력, 한국어 표현 능력도 갖춰야 합니다. 게다가 제한된 시간 내에 정해진 분량에 맞춰 글을 써야 하므로 핵심적인 내용을 잘 정리할 수 있어야 합니다. 이 책에서는 이런 점들을 고려하여 쓰기 시험을 준비할 수 있도록 구성했습니다. 좋은 성적을 얻기 위해서는 꾸준히 노력해야 하지만 효율적으로 공부하면 짧은 시간에 최대한의 성과를 얻을 수 있습니다. 그 방법들을 고민하면서 연습 문제를 제시하고자 노력했습니다.

    이 책은 크게 세 가지 점에 중점을 두고 구성했습니다. 먼저 과제별 단락 쓰기를 중심으로 연습할 수 있도록 했습니다. 700자 쓰기에 앞서 200-300자 정도의 단락 쓰기를 연습하면서 글쓰기의 기본 능력을 익힌 후, 3개 과제를 연결해서 전체 글을 쓸 수 있도록 했습니다. 다음으로 54번 쓰기에서 가장 중요한 것이 주제와 관련된 내용을 쓰는 것인데 이러한 내용 구성 능력을 기를 수 있도록 연습 문제를 구체적으로 제시했습니다. 그래서 문제를 풀다 보면 설명만으로 이해하기 어려웠던 내용 구성 방법을 자연스럽게 이해할 수 있게 됩니다. 마지막으로 표현의 정확성과 풍부성을 기르기 위해서 다양한 방식의 문장 만들기 문제를 제시했습니다. 또한 중급 수준을 고급 수준으로 올릴 수 있는 문제도 추가해서 짧은 기간에 표현 능력을 높일 수 있도록 했습니다.

이 책으로 공부한다면 가장 효과적으로 TOPIK 54번 쓰기를 준비할 수 있을 거라고 믿습니다. 하지만 시험을 준비하는 학생들의 수준도 다르고, 준비하는 기간도 다를 수 있으므로 각자의 상황에 맞게 사용하기를 권합니다. 토픽 3, 4급을 목표로 하는 학생들은 자신의 수준에 맞는 문제를 찾아서 연습해도 됩니다. 처음부터 끝까지 다 하려고 하기보다는 전체적으로 54번 쓰기 문제의 성격을 이해하고 기본적인 표현 능력을 기르는 데 중점을 두는 것이 좋습니다. 토픽 5, 6급을 목표로 하는 학생들은 그동안 잘 다루지 않았던 과제를 중심으로 공부하되 고급 수준에 해당하는 문제를 집중적으로 보는 것이 효과적입니다. 물론, 스스로 문장의 정확성이 떨어진다고 생각하면 중급 수준의 문제도 다시 확인해 보는 것이 필요합니다.

TOPIK 54번 쓰기의 초간단 비결을 알고 싶어하는 학생들은 이 책의 연습 문제가 여전히 어렵게 느껴질 수 있습니다. 하지만 이 책의 몇 개 과제만이라도 꼼꼼하게 따라 쓰다 보면 자신감이 생길 것입니다. 54번 쓰기는 채점 기준을 정확하게 이해하고 그에 맞는 능력을 기르는 것이 중요한데 그런 점에서 이 책은 아주 친절한 안내서이자 연습책이 될 것입니다. 글을 잘 쓰는데도 좋은 성적을 받지 못했던 학생들에게도 많은 도움이 될 거라고 생각합니다. 쓰기 지도에 어려움을 겪는 선생님들께 도움이 되기를 바라는 마음 또한 간절합니다. 그동안 『TOPIK 쓰기의 모든 것(2019)』을 아껴 주신 분들께 진심으로 감사드립니다. 『토픽 54번 쓰기의 모든 것』도 그처럼 사랑받을 수 있기를 바라면서 사계절을 보냈고 드디어 또 한 권의 쓰기 책을 내게 되었습니다. 처음부터 끝까지 든든하게 지원해 준 박이정 출판사에 감사드립니다. 지금도 현장에 계시는 수많은 한국어 선생님들의 열정을 존경합니다. 이 책으로 공부하는 모든 학생들에게도 뜨거운 응원을 보냅니다. 감사합니다.

저자를 대표하여 박미경 씀

o 이 책은 토픽(TOPIK) 54번 쓰기를 효율적으로 연습하기 위한 책입니다. 이를 위해 『토픽 쓰기의 모든 것』(박미경·권제은, 2019)에서 다룬 내용을 세분화, 구체화했으며 54번 쓰기 점수를 올릴 수 있는 전략들과 연습 방법들을 체계적으로 제시하고 있습니다.

o 이 책은 개별 과제에 대한 '한 단락 쓰기'를 중심으로 구성되어 있습니다. 먼저 출제 빈도가 높은 과제를 선별하여 수준별로 예시 글을 보여주고, 단락 쓰기에 필요한 능력을 기를 수 있는 문제를 단계별로 제시하고 있습니다. 따라서 학습자들은 54번 쓰기에 필요한 것이 무엇인지 이해하고 자신의 수준에 맞는 문제를 찾아서 연습함으로써 시험에 대비할 수 있습니다.

o 이 책은 〈준비하기〉, 〈기본 다지기〉, 〈과제별 쓰기〉, 〈실전 종합 연습〉으로 구성되어 있습니다. 이 중에서 〈과제별 쓰기〉는 가장 핵심적인 부분으로서, 출제 빈도와 중요도에 따라 PART1, PART2, PART3 세 부분으로 나누어져 있습니다. 전체 구성은 다음과 같습니다.

Ⅰ. 준비하기

토픽 54번 쓰기 시험에 대한 정보를 문답 형식으로 정리했습니다. 학습자들은 토픽 54번 기출 문제를 통해 쓰기의 주제와 과제 유형을 확인하고 이에 따른 득점 전략을 배울 수 있습니다.

Ⅱ. 기본 다지기

주어진 과제에 맞게 단락을 구성하는 방법을 제시했습니다. 학습자들은 단락 구성에 대해 이해한 후에 중심 문장과 도움 문장을 써 보는 연습을 하게 됩니다. 또한 토픽 시험에 대비해 원고지 사용법을 익히게 됩니다. Ⅱ장은 기초가 부족한 학생들을 위한 것으로 연습 문제의 난이도가 낮은 편입니다.

Ⅲ. 과제별 쓰기

먼저 주어진 과제에 따라 수준별로 예시 글을 제시했습니다. 학습자들은 예시 글을 보면서 글의 수준을 파악한 후, 문장을 바르게 쓰고 표현 능력을 기를 수 있는 연습 문제를 풀어 보게 됩니다. 이를 바탕으로 마지막 단계에서는 제시된 과제를 보면서 한 단락의 글을 써 볼 수 있습니다. 이 장의 구성은 과제 내용에 따라 조금씩 달라지기는 하지만 다음과 같은 단계로 이루어져 있습니다.

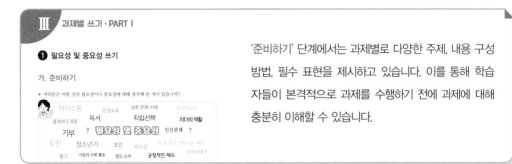

'준비하기' 단계에서는 과제별로 다양한 주제, 내용 구성 방법, 필수 표현을 제시하고 있습니다. 이를 통해 학습자들이 본격적으로 과제를 수행하기 전에 과제에 대해 충분히 이해할 수 있습니다.

'문제 유형 확인하기' 단계에서는 시험에 나올 가능성이 높은 과제를 중심으로 예상 문제를 제시했습니다. 학습자들은 과제의 흐름을 이해하고 과제에 대한 단락 쓰기를 준비할 수 있습니다.

주어진 과제에 따라 수준별로 예시 글을 제시했습니다. 같은 주제를 기본, 중급, 고급 수준에서는 어떻게 쓸 수 있는지를 이해하고 다양한 표현과 전략(skill)을 학습자들이 익힐 수 있도록 했습니다.

과제에 맞는 내용 고르기, 주어진 표현으로 문장 만들기, 순서대로 배열하기, 문장 길게 쓰기, 중·고급 표현 사용하기 등의 다양한 연습 문제 유형을 제시했습니다. 이를 통해 학습자들은 내용 구성 능력, 문장 구성 능력, 표현력을 향상시킬 수 있습니다.

마지막 단계에서는 주어진 과제와 중심 내용에 대해 생각하면서 스스로 단락 쓰기를 완성해 볼 수 있도록 했습니다.

각 파트의 마지막에는 앞에서 연습한 과제 유형을 중심으로 실전 문제를 제시했습니다. 학습자들이 단락 쓰기에서 배운 것을 활용하여 토픽 54번 쓰기 전체를 완성할 수 있도록 했습니다.

Ⅳ. 실전 종합 연습

시험에 나올 가능성이 있는 주제들을 모아서 제시함으로써 학습자들이 실제 시험에 대비할 수 있도록 했습니다. 학습자들은 제시된 주제와 과제에 대해 생각을 정리한 후, 54번 쓰기에 맞게 내용을 구성하고 실제 토픽 쓰기 답안지에 글을 써 볼 수 있습니다.

결심노트

- 내 이름은 ＿＿＿＿＿＿＿＿＿＿＿＿＿＿이다.
- 올해 나의 목표는 토픽 (3, 4, 5, 6)급이다.
- 토픽 ＿＿＿급을 받으면 ＿＿＿＿＿＿＿＿＿＿을/ㄹ 수 있다.
- 오늘은 ＿＿＿＿년 ＿＿＿월 ＿＿＿일이다.
- 토픽 시험은 ＿＿＿년 ＿＿＿월 ＿＿＿일이다.
- 시험 때까지 ＿＿＿＿＿＿＿＿＿달/주/일 남았다.
- 나는 ＿＿＿＿＿＿＿＿기 위해서 이 책을 샀다.
- 나는 이 책이 ＿＿＿＿＿＿＿＿＿-아/어서 마음에 든다.

- 이 책으로 공부하면 토픽 54번 쓰기에서 좋은 점수를 받을 수 있고, 글쓰기 실력도 좋아질 것 같다. 오늘부터 매일 (＿＿＿＿＿)장씩 공부할 것이다.

토픽 일정

회차	접수 기간	시험일	성적 발표일	MEMO
＿ 회				
＿ 회				
＿ 회				
＿ 회				
＿ 회				
＿ 회				

중급 5주 계획

█████ 월

█ 요일	█ 요일	█ 요일	█ 요일	█ 요일	█ 요일	█ 요일
준비하기 기본 다지기	기본 다지기	PART 1 필요성 / 중요성	PART 1 필요성 / 중요성	PART 1 필요성 / 중요성	PART 1 문제점	PART 1 문제점
PART 1 문제점	PART 1 영향 / 효과	PART 1 영향 / 효과	PART 1 영향 / 효과	PART 1 원인	PART 1 원인	PART 1 원인
PART 1 방안/방향	PART 1 방안/방향	PART 1 방안/방향	종합	휴식	PART 2 장점 / 단점	PART 2 장점 / 단점
PART 2 조건	PART 2 조건	PART 2 태도	PART 2 태도	종합	PART 3 역할	PART 3 방법
PART 3 선택	PART 3 경우	PART 3 특징	종합	휴식	실전	실전

- '기본 다지기'와 'PART 1'을 꼼꼼하게 공부하기 바랍니다.
- 예시 답안을 잘 읽고, 필요한 경우 따라 써 보는 것을 추천합니다.
- 시간이 부족할 경우, 'PART 1'을 중심으로 연습하고 'PART 2, 3'은 필요한 부분을 찾아서 연습하세요.

고급 2주 계획

█████ 월

█ 요일	█ 요일	█ 요일	█ 요일	█ 요일	█ 요일	█ 요일
PART 1 필요성 / 중요성	PART 1 필요성 / 중요성	PART 1 문제점	PART 1 문제점	PART 1 영향 / 효과	PART 1 영향 / 효과	PART 1 원인
PART 1 원인	PART 1 방안/방향	PART 1 방안/방향	종합	종합	실전	실전

- '기본 다지기'를 생략해도 됩니다. 그렇지만 'PART 1'은 꼼꼼하게 공부하기 바랍니다.
- 'PART 1'을 마쳤다면, 종합 문제와 실전 문제로 집중 연습하기 바랍니다. 'PART 2, 3'은 필요한 부분을 찾아서 공부하는 것을 추천합니다.

쓰기 주제 - 한눈에 보기

○ 여기에 써 보고 싶은 주제가 있습니까? 골라서 (◯) 해 보세요.

PART 1

필요성 중요성	독서	상호 문화 이해	인간관계	조언	직업 선택	나눔 문화	의사소통
문제점	기후 변화	게임	인터넷 발달	조기교육	경쟁	인공지능 발달	리더의 능력 부족
영향 효과	칭찬	예술 교육	반려동물	자존감	경제적 조건	스트레스	외모 지상주의
원인	의사소통 안 됨	농촌 인구 감소	성 역할 고정관념	에너지 사용 증가	일과 삶의 불균형	협력 안 됨	스마트폰 중독
방안 방향	빈곤 문제	개인주의	육류 소비 증가	도시 개발	세대 차이	다문화 사회	유기 동물

종합	비교 태도	기부	외로움	긍정적인 태도	사회관계망서비스(SNS)

PART 2

장단점	1인 방송	높은 교육열	전자책	조기 교육
조건	행복	친환경 소비	살기 좋은 도시	인재
태도	실패	감정 표현	SNS	상업 광고

종합	리더의 조건	실시간 온라인 수업

PART 3

역할	학습 동기	휴식	인터넷 뉴스	회의
방법	외국어 학습	봉사 활동	여행	기부
선택	동물원 폐지	결과에 따른 보상제도	원자력 발전소 폐지	안락사 허용
경우	조언	노인들의 어려움	공감 능력	후회
특징	청소년기	대도시	정보화 사회	인터넷 신조어

종합	성 역할 고정관념		사이버 공간		
실전	로봇 시장	재활용	신뢰	관광 산업	소비 생활	차별

차례

● 머리말   **4**

● 일러두기   **6**

● practice makes perfect   **9**

Ⅰ. 준비하기

1. 토픽 54번 700자 쓰기 Q&A   **16**

2. 득점 전략 세우기   **24**

3. 기출 문제 유형 알아보기   **27**

Ⅱ. 기본 다지기

1. 단락 쓰기의 기초   **32**

2. 원고지 사용법   **43**

Ⅲ. 과제별 쓰기

PART 1   1. 필요성 및 중요성 쓰기   **50**

2. 문제점 쓰기   **60**

3. 영향 및 효과 쓰기   **70**

4. 원인 쓰기   **80**

5. 방안 및 방향 쓰기   **90**

6. 종합 쓰기 연습   **100**

PART 2 1. 장단점 쓰기 108

2. 조건 쓰기 115

3. 태도 쓰기 122

4. 종합 쓰기 연습 129

PART 3 1. 역할 쓰기 134

2. 방법 쓰기 138

3. 선택 쓰기 142

4. 경우 쓰기 146

5. 특징 쓰기 150

6. 종합 쓰기 연습 154

Ⅳ. 실전 종합 연습 157

● 예시 답안 161

I
준비하기

I 준비하기 : 토픽 54번 문제에 대해 알아봅시다!

❶ 토픽 54번 700자 쓰기 Q&A

> 1. 토픽 쓰기 시험은 총 4문제이다. 51번~54번까지 있다. (O)
> 2. 토픽 쓰기 시험은 총 100점 만점이다. 54번은 50점이다. (O)
> 3. 토픽 쓰기 시간은 50분이다. 54번은 25–30분 안에 써야 한다. (O)

01. TOPIK Ⅱ 시험에 대해 간단하게 설명해 주세요.

• **개요** : TOPIK은 외국인들이 유학, 취업 등을 목표로 한국어 능력을 공식적으로 인증받기 위해 보는 시험입니다. 토픽 시험에는 토픽 Ⅰ과 토픽 Ⅱ가 있습니다. 토픽 Ⅰ에는 초급 수준(1–2급), 토픽 Ⅱ에는 중·고급 수준(3–6급)의 문제가 나옵니다. 쓰기 시험은 토픽 Ⅱ에만 있고, 1교시 듣기 시험에 이어서 보게 됩니다.

토픽Ⅱ 시험 안내

	교시	영역(시간)	문항수	배점	총점
시험 구성	1교시	듣기(60분)	50	100	300
		쓰기(50분)	4	100	
		쉬는 시간(20분)			
	2교시	읽기(70분)	50	100	

평가 등급	3급	4급	5급	6급
	120–149점	150–189점	190–229점	230–300점

• **준비물** : 신분증, 수험표는 꼭 가져가야 합니다. 그리고 휴대전화 및 전자기기는 반드시 전원을 꺼야 하므로 시험을 볼 때는 손목시계를 준비하는 것이 좋습니다. 수정 테이프도 가져가면 답안지에 표시를 잘못 했을 때 사용할 수 있습니다. 펜은 시험장에서 무료로 나누어 주는 것을 사용하면 됩니다.

check list	☐ 신분증			쓰기 ⟨———⟩ 듣기/읽기
	☐ 수험표			

02. TOPIK 쓰기 시험에는 어떤 문제 유형이 나오나요?

- **시험 유형 :** 쓰기 시험에는 총 4문제가 나옵니다. 51번과 52번은 한 문장을 완성하는 문제, 53번은 300자 내의 짧은 글을 쓰는 문제, 54번은 700자 내의 긴 글을 쓰는 문제입니다.

- **문제 유형 :** 51번은 실용문 완성하기(10점), 52번은 짧은 글 완성하기(10점), 53번은 조사 결과 설명하기(30점), 54번은 자기 생각 쓰기 문제(50점)입니다. 54번의 배점이 가장 높습니다.

- **54번 답안지 :** 원고지에 써야 합니다. 원고지는 쓰기 답안지 뒷면에 있습니다.

  *원고지 사용법을 잘 모른다면, (p.43~44)쪽을 보세요.

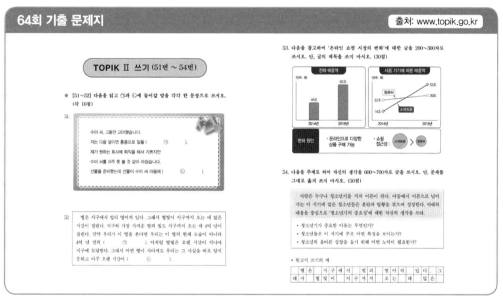

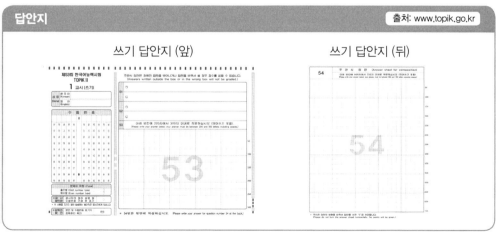

03. 54번 문제에 대해 더 자세히 이야기해 주세요.

- **유형** : 주어진 주제에 대해서 자기 생각을 쓰는 문제입니다.
- **구성** : 지문, 주제, 과제로 구성됩니다. 지문에는 주제에 대한 배경 설명이 나오고 과제에는 우리가 구체적으로 써야 하는 내용이 제시됩니다. 과제는 보통 2-3개가 나옵니다.
- **시간 및 글자 수** : 54번 문제는 600-700자를 25-30분 안에 써야 합니다. 그래야 쓰기 시간 50분 안에 51번부터 54번까지 모두 쓸 수 있습니다.

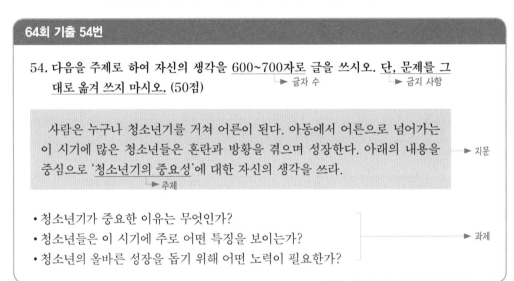

64회 기출 54번

54. 다음을 주제로 하여 자신의 생각을 600~700자로 글을 쓰시오. 단, 문제를 그대로 옮겨 쓰지 마시오. (50점)　▶ 글자 수　　▶ 금지 사항

　　사람은 누구나 청소년기를 거쳐 어른이 된다. 아동에서 어른으로 넘어가는 이 시기에 많은 청소년들은 혼란과 방황을 겪으며 성장한다. 아래의 내용을 중심으로 '청소년기의 중요성'에 대한 자신의 생각을 쓰라.　▶ 지문
　　▶ 주제

- 청소년기가 중요한 이유는 무엇인가?
- 청소년들은 이 시기에 주로 어떤 특징을 보이는가?　▶ 과제
- 청소년의 올바른 성장을 돕기 위해 어떤 노력이 필요한가?

04. 54번 문제에는 어떤 주제가 출제되나요?

- **주제** : 국적에 관계없이 누구나 쓸 수 있는 주제가 나옵니다. 평소에 책이나 신문을 많이 보면 도움이 되겠지만, 시간이 별로 없다면 예상 주제를 보고 미리 준비하면 좋습니다. 책이나 인터넷 자료를 찾아서 읽는 것도 도움이 됩니다.

기출 주제	
• 경제적 여유가 행복에 미치는 영향	TOPIK 35회
• 동기가 일에 미치는 영향	TOPIK 36회
• 현대 사회에서 필요한 인재	TOPIK 37회
• 역사를 알아야 하는 이유	TOPIK 41회
• 칭찬의 양면성	TOPIK 47회
• 의사소통의 중요성	TOPIK 52회
• 조기교육에 대한 찬반 의견	TOPIK 60회
• 청소년기의 중요성	TOPIK 64회

05. 54번 답안 평가는 어떻게 하는지 궁금해요.

- **평가 내용** : 과제, 구조, 언어 면에서 답안을 평가합니다. 이 중에서 과제에 대한 내용을 구체적으로 쓰는 것이 가장 중요합니다. 그리고 다양한 표현을 사용하고 이것을 정확하게 써야 합니다. 문장을 쓸 때는 '-아/어요'나 '-ㅂ/습니다'가 아니라 '-다/ㄴ다/는다'로 써야 합니다. 단락의 개수는 3-4개 정도가 좋습니다.

  *문어체 연습은 〈외국인을 위한 한국어 문장 쓰기의 모든 것 2〉(박이정, 2021) 14쪽을 참고하세요.

54번 평가 기준

구분	평가 내용	점수		
		상	중	하
과제	• 주어진 과제를 충분히 수행했는가? • 주제와 관련된 내용을 썼는가? • 내용을 풍부하고 다양하게 표현했는가?	12-9	8-5	4-0
구조	• 글을 논리적으로 구성했는가? • 내용에 따라 단락을 잘 나누어 구성했는가? • 담화 표지(그리고, 그래서 등)를 잘 사용했는가?	12-9	8-5	4-0
언어	• 적절한 문법과 어휘를 사용했는가? • 문법, 어휘, 맞춤법을 정확하게 사용했는가? • 격식에 맞게 글을 썼는가?	26-20	18-12	10-0

06. 54번 답안을 쓸 때, 주의해야 할 사항이 있나요?

- **답안 작성** : 답안을 쓰기 전에 먼저 과제 질문을 꼭 확인하세요. 54번은 주제에 대해 자신의 생각을 자유롭게 쓰는 문제가 아닙니다. 과제에 맞는 내용을 써야 합니다. 그리고 시간이 부족해서 700자를 다 못 쓰더라도 3개 과제에 대한 내용을 모두 쓰는 것이 가장 중요합니다.

54번 답안 작성 방법

1. 먼저 문제를 잘 읽고 주제와 과제를 확인하세요.
2. 주어진 과제로 글을 구성해 보세요.
3. 과제에 대한 중심 내용을 간단하게 메모해 보세요.
4. 25-30분 안에 써야 하므로 시간 계산을 잘 하고 쓰세요.

예시

공부 방법, 궁금해요

Q 저는 다 쓴 것 같은데, 선생님이 더 자세히 써 보라고 하세요. 그럴 때는 어떤 말을 더 써야 할지 모르겠어요.

A 글을 쓴 뒤에 "나를 모르는 사람이 이 글을 읽는다면, 잘 이해할 수 있을까?"를 생각해 보세요. 독자의 입장이 되어서 자신이 쓴 글을 읽어 보면 설명이 필요한 부분을 찾을 수 있어요. 연습할 때 "어떻게 하면 독자가 내 글을 더 잘 이해할 수 있을까?"를 고민하면서 글을 써 보세요. 그러면 더 구체적으로 글을 쓸 수 있습니다.

Q 저는 쓰기를 좋아하지도 않고, 잘 못해요. 54번 쓰기를 어떻게 공부해야 할까요?

A 먼저 54번 모범 예시 글 2-3편을 골라서 주어진 과제로 어떻게 글을 구성했는지, 주제에 대한 자신의 생각을 어떤 방법으로 전개했는지 잘 분석하면서 따라 써 보는 것을 추천합니다. 그리고 처음부터 긴 글을 쓰려면 어려울 거예요. 한 단락 쓰기부터 시작해 보기를 권합니다.

중급-Tip

1. 54번 예시 글 중에서 잘 쓴 글을 고른다.
2. 글을 잘 쓰는 사람은 어떤 방법으로 쓰는지 분석하면서 따라 써 본다.
3. 글쓰기에 자신이 없는 사람은 한 단락 쓰기부터 연습해 본다.

Q 저는 6급을 받고 싶은데, 쓰기 점수가 낮아요. 54번은 700자를 다 썼는데도요.

A 주제와 관련 없는 내용을 쓴 경우, 과제에 대한 내용이 충분하지 않은 경우, 다양한 표현, 정확한 표현을 사용하지 않은 경우 좋은 점수를 받을 수 없습니다. 따라서 글을 쓴 뒤에 제시된 주제와 과제에 맞게 썼는지 점검할 필요가 있습니다. 또한 어려운 문법을 일부러 쓸 필요는 없지만 초급이나 중급 수준의 표현만 사용하면 안 됩니다. 우선, 여러분이 배우고 있는 중·고급 교재나 이 책에 있는 고급 수준의 글을 꼼꼼하게 읽어 보세요. 그리고 자주 쓰이는 고급 표현 몇 가지를 골라서 정확하게 쓸 수 있도록 연습할 필요가 있습니다.

고급-Tip

1. 평가 기준에 따라 자신이 쓴 글을 점검해 본다.
2. 중·고급 어휘를 많이 외운다. 이때 세트(set)처럼 같이 다니는 어휘들을 잘 활용할 수 있도록 집중적으로 공부한다. 예) 영향을 미치다, 피해를 입다 등
3. 자주 쓰이는 고급 표현 중에서 몇 가지를 골라서 정확하게 쓸 수 있도록 연습해 둔다.

54번 쓰기, 궁금해요!

Q 저는 한국어 3급 수업을 듣고 있습니다. 아직 글을 길게 쓰려면 시간도 오래 걸리고 어려워요. 그럼 54번 문제를 쓰기가 많이 어려울까요?

A 3급 학생들도 54번을 잘 쓸 수 있습니다. 꼭 길게 쓰지 않아도 됩니다. 어려운 표현을 쓸 필요도 없습니다. 문제의 의도를 이해한 뒤에 과제에 대한 답을 쓰는 것이 가장 중요합니다. 자기가 알고 있는 단어와 표현을 사용해서 쓸 수 있는 만큼 써 보도록 하세요.

Q 54번 답안은 길게 쓸수록 좋은 점수를 받나요?

A 아닙니다. 주어진 주제와 과제에 맞게 글을 쓰는 것이 제일 중요합니다. 과제 수행을 충분히 했다면 300-400자를 써도 나쁘지 않은 점수를 받을 수 있습니다. 그런데 최대한 길게 써도 700자 이상 쓰면 안 됩니다. 원고지 마지막 칸을 넘기지 않도록 주의하세요.

Q 54번 문제에서 제시된 주제의 뜻을 모르면 어떻게 해요?

A 36회 토픽에서 '동기가 일에 미치는 영향'이 나온 적이 있습니다. 그때 '동기'의 뜻을 몰라서 못 쓴 학생들이 많았어요. 또 동기를 완전히 다른 뜻으로 알고 쓴 학생들도 있었는데 이런 경우에는 '0'점입니다. 단어 뜻을 몰라도 문제의 지문을 두 번, 세 번 계속 읽으면서 의미를 추측해야 합니다. 그래도 잘 모를 때에는 53번 쓰기에 집중하는 것이 좋습니다.

Q 답안을 쓰다가 틀렸어요. 고치고 싶으면 어떻게 해요?

A 답안지에 잘못 썼을 때는 두 줄을 긋고 그 옆이나 위에 써도 되고 수정 테이프로 지우고 다시 써도 됩니다. 수정 테이프는 시험장에서 주지 않기 때문에 각자 준비해야 합니다.

Q 주의 사항이 있으면, 이야기해 주세요.

A 시간이 부족해서 답안을 완성하지 못하는 학생이 많습니다. 토픽 쓰기는 50분 안에 총 4문제를 써야 하기 때문에 시간이 많지 않습니다. 그래서 1교시에 듣기 시험이 끝나면 빨리 쓰기 문제를 읽고, 자신 있는 문제부터 쓰는 것이 좋습니다. 시간 계획을 잘 세워야 쓰기 답안을 제대로 쓸 수 있습니다.

Q 응원해 주세요.

A 한국어 실력이 좋으면 토픽 쓰기 점수도 좋을까요? 반드시 그런 것은 아닙니다. 실력이 아무리 좋아도, 답안 쓰는 방법을 모르면 좋은 점수를 기대하기 어렵습니다. 반대로 실력이 조금 부족해도 문제 유형을 잘 알고 시험에 자주 나오는 표현을 외워서 시험에 대비하면 좋은 점수를 받을 수 있습니다. 연습, 또 연습합시다. 연습하면 누구나 잘 쓸 수 있습니다!

❷ 득점 전략 세우기

> **전략 1**　시간 계획을 잘 세워야 한다

- 평소 100~200자 정도의 글을 쓰는 데 걸리는 평균 시간을 알고 있어야 한다. 그래야 남은 시간 동안 어느 정도 분량을 쓸 수 있는지 알게 된다.
- 남은 시간 동안 200자를 쓸 수 있는 경우, 200자 안에 3개 과제를 다 써야 한다. 시간이 없어도 1개 과제만 쓰면 절대 안 된다.

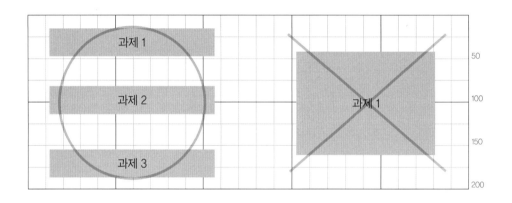

> **전략 2**　과제에 맞는 내용을 쓰는 것이 표현보다 중요하다

- 과제에서 질문한 내용에 대해서만 써야 한다. 관계없는 내용을 쓰면 안 된다.
- 한 단락에 과제 내용 2개를 섞어서 같이 쓰면 안 된다.
- 보통 과제를 제시한 순서대로 (과제 1, 2, 3) 쓰면 된다.
- 과제 내용을 이해하지 못하는 경우, 문제의 지문에 있는 표현을 활용하여 최소한 100자 정도라도 쓰는 것이 좋다. 단, 문제를 똑같이 옮겨 쓰면 안 된다.

과제 수행 평가 기준

　○　충분, 잘 됨 – 질문에 맞는 내용을 충분히 씀.

　△　불충분, 잘 안 됨 – 관계없는 내용이 조금 포함됨. 내용을 구체적으로 쓰지 않음.

　✕　안 됨 – 과제와 전혀 관계없는 내용을 씀.

과제	게임을 통해 얻을 수 있는 긍정적 효과는 무엇인가? ✐

게임으로 인해 어떤 문제가 발생할 수 있는가?
이런 문제를 줄이기 위해 어떻게 해야 하는가?

질문에 맞는 내용을 씀	요즘 컴퓨터 게임이나 휴대폰 게임을 하는 사람들이 점점 많아지고 있다. 왜냐하면 심심할 때 게임을 하면 재미있게 시간을 보낼 수 있기 때문이다. 그리고 공부할 때도 게임을 이용하면 효과적이다. 예를 들면 단어 외우기를 싫어하는 학생들도 단어 게임을 하면 재미있게 공부할 수 있다. 그러면 학습 효과도 좋아진다.	○
관계없는 내용이 포함됨	사람들은 게임을 좋아한다. 우선 게임을 하면 재미있기 때문이다. 그래서 심심할 때 게임을 하면 즐거운 시간을 보낼 수 있다. 그런데 PC방에서 게임을 하는 청소년들이 많다. PC방에서 게임을 하다 보면 식사 시간을 제대로 지키지 못하는 경우가 많고 생각보다 더 오래 있는 경우도 많다.	△
과제 내용 2개를 섞어서 씀	요즘 컴퓨터 게임이나 휴대폰 게임을 하는 사람들이 증가하고 있다. 심심할 때 게임을 하면 재미있고 시간도 빨리 가기 때문이다. 또한 게임으로 스트레스를 풀 수도 있다. 하지만 게임 때문에 생기는 문제점도 많다. 게임은 한번 시작하면 계속하게 된다. 그래서 게임에 중독될 수 있다.	△
전혀 관계없는 내용을 씀	게임의 긍정적 효과에 대해 동의하는 사람도 있지만 그렇지 않다고 생각하는 사람도 많다. 게임으로 스트레스를 풀 수 있다는 주장에 대해서도 게임이 근본적으로 스트레스를 풀어 주는 것은 아니라고 한다. 오히려 게임 때문에 스트레스를 받아서 감정 변화가 심해진다고 주장한다.	×

전략 3 　과제별로 단락을 나눈다

• 글 전체를 단락 1개로 쓰면 안 된다. 즉, 처음부터 끝까지 줄을 바꾸지 않고 쓰면 안 된다.
• **1과제 1단락!** 보통 단락 하나에 과제 하나를 쓰는 것이 좋다.

전략 4 중급, 고급의 표현을 찾아서 활용한다

- 중·고급 어휘와 표현을 많이 쓰도록 노력한다.
- 지문과 과제에 있는 표현들을 잘 활용하면 표현 수준도 올릴 수 있고 오류도 줄일 수 있다.
- '저는 ~ ', '나는 ~ ' 보다는 '우리는 ~', '사람들은 ~'이라고 쓰는 것이 좋다.
- 개인적인 경험을 길게 쓰는 것은 좋지 않다.

문제	요즘 컴퓨터 게임이나 휴대폰 게임을 즐기는 사람들이 증가하고 있다. 그러나 게임을 하면서 얻을 수 있는 긍정적인 효과도 있지만 문제점이 발생하는 경우도 적지 않다. 아래의 내용을 중심으로 '게임의 긍정적인 효과와 문제점'에 대한 자신의 생각을 쓰라. → **활용 표현** : 요즘 ~ 고 있다 / 게임을 즐기다 / 사람들이 증가하고 있다 / 긍정적인 효과를 얻다 / −지만 / 문제점이 발생하다 / −(으)ㄴ/는 경우도 적지 않다
과제 1	• 게임을 통해 어떤 긍정적인 효과를 얻을 수 있는가? └▸ **활용 표현** : 게임을 통해 / 긍정적인 효과를 얻다 (효과를 받다 ×)
과제 2	• 게임으로 인해 어떤 문제가 발생할 수 있는가? └▸ **활용 표현** : 게임으로 인해(게임 때문에) / 문제가 발생하다(생기다)
과제 3	• 이런 문제를 줄이기 위해 어떻게 해야 하는가? └▸ **활용 표현** : 문제를 줄이다 / 어떻게 해야 할까?

❸ 기출 문제 유형 알아보기

1. 중요성 ▶ 특징 ▶ 방안

54. 다음을 주제로 하여 자신의 생각을 <u>600~700자</u>로 글을 쓰시오. 단, 문제를 그
    ▶ 분량
대로 옮겨 쓰지 마시오. <u>(50점)</u>
           ▶ 배점

문제 설명
(지문)

    사람은 누구나 청소년기를 거쳐 어른이 된다. 아동에서 어른으로 넘어
가는 이 시기에 많은 청소년들은 혼란과 방황을 겪으며 성장한다. 아래의
내용을 중심으로 '<u>청소년기의 중요성</u>'에 대한 자신의 <u>생각을 쓰라.</u>
           ▶ 주제   ▶ 나의 생각 쓰기

- 청소년기가 중요한 이유는 무엇인가? ——▶ 과제 1
- 청소년들은 이 시기에 주로 어떤 특징을 보이는가? ——▶ 과제 2
- 청소년의 올바른 성장을 돕기 위해 어떤 노력이 필요한가? ——▶ 과제 3

※ 원고지의 예
    ▶ 첫 칸 띄어쓰기

∨	별	은		지	구	에	서		멀	리		떨	어	져		있	다	.		그
래	서		별	빛	이		지	구	까	지		오	는		데		많	은		

2. 장점 ▶ 문제점 ▶ 찬반 의견

문제
    요즘은 아이가 학교에 들어가기 전 어릴 때부터 악기나 외국어 등 여러 가지를 교
육하는 경우가 많다. 이러한 조기 교육은 좋은 점도 있지만 문제점도 있다. 아래의
내용을 중심으로 '조기 교육의 장점과 문제점'에 대해 자신의 의견을 쓰라.

과제 1
- <u>조기 교육의 장점은 무엇인가?</u>
    ▶ 조기 교육을 하면 좋은 점이 뭐예요?

과제 2
- <u>조기 교육의 문제점은 무엇인가?</u>
    ▶ 조기 교육을 하면 나쁜 점이 뭐예요? / 어떤 문제가 생겨요?

과제 3
- <u>조기 교육에 찬성하는가? 반대하는가? 근거를 들어 자신의 의견을 쓰라.</u>
    ▶ 조기 교육이 좋다고 생각해요? 나쁘다고 생각해요? 왜 그렇게 생각해요?

3. 중요성 ▶ 이유/원인 ▶ 방법

문제

우리는 살면서 서로의 생각이 달라 갈등을 겪는 경우가 많다. 이러한 갈등은 의사소통이 부족해서 생기는 경우가 대부분이다. 의사소통은 서로의 관계를 유지하고 발전시키는 데 중요한 요인이 된다. '의사소통의 중요성과 방법'에 대해 아래의 내용을 중심으로 자신의 생각을 쓰라.

과제 1

• 의사소통은 왜 중요한가?
→ 의사소통은 무엇 때문에 중요할까요?

과제 2

• 의사소통이 잘 이루어지지 않는 이유는 무엇인가?
→ 의사소통이 잘 안 된다면 왜 그럴까요?

과제 3

• 의사소통을 원활하게 하는 방법은 무엇인가?
→ 의사소통을 잘 하려면 어떻게 해야 할까요?

4. 긍정적 영향 ▶ 부정적 영향 ▶ 방법

문제

'칭찬은 고래도 춤추게 한다'는 말처럼 칭찬에는 강한 힘이 있습니다. 그러나 칭찬이 항상 긍정적인 영향을 주는 것은 아닙니다. 아래의 내용을 중심으로 칭찬에 대한 자신의 생각을 쓰십시오.

과제 1

• 칭찬이 미치는 긍정적인 영향은 무엇입니까?
→ 칭찬 때문에 무엇이 좋아져요?

과제 2

• 부정적인 영향은 무엇입니까?
→ 칭찬 때문에 무엇이 나빠져요?

과제 3

• 효과적인 칭찬의 방법은 무엇입니까?
→ 칭찬 때문에 나쁜 결과가 생기지 않게 하려면 어떻게 해야 할까요?

5. N의 조건 ▶ 노력 방안

문제 현대 사회는 빠르게 세계화•전문화 되고 있습니다. 이러한 현대 사회의 특성을 참고하여, '현대 사회에서 필요한 인재'에 대해 아래의 내용을 중심으로 자신의 생각을 쓰십시오.

과제 1 •현대 사회에서 필요한 인재는 어떤 사람입니까?
→지금 우리가 살고 있는 사회에 필요한 사람은 어떤 능력 가지고 있어야 해요?

과제 2 •그러한 인재가 되기 위해서 어떤 노력이 필요합니까?
→그런 능력을 가진 사람이 되기 위해 어떻게 해야 해요?

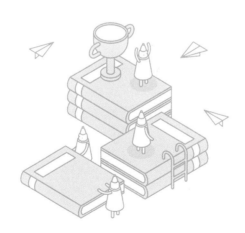

Ⅱ
기본
다지기

Ⅱ 기본 다지기 : 단락 쓰기 방법에 대해 알아봅시다!

① 단락 쓰기의 기초

가. 준비하기

01. 단락 쓰기란?

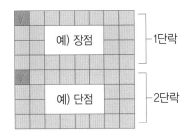

	단락
	• 단락의 중심 내용을 먼저 생각하고 나서 쓰기
	• 중심 내용을 중심 문장으로 표현하기
	• 중심 문장을 자세하게 설명하는 도움 문장 쓰기
	• 한 단락을 약 3-5개의 문장으로 쓰기

• 예시 보기

중심 내용	운동의 좋은 점
중심 문장을 2개로 나누어 쓰고 도움 문장을 씀	∨운동을 하면 좋은 점이 많다. 우선 운동을 하면 몸이 튼튼해진다. ▶ 중심 문장 근육이 많이 생기기 때문이다. 운동으로 건강해진 사람들은 감기에도 잘 걸리지 않는다. 그리고 좋아하는 운동을 하면 기분도 좋아진다. ▶ 중심 문장 몸을 움직이다 보면 긴장도 풀리고 좋아하는 것을 하니까 스트레스도 없어져서 몸과 마음이 모두 편안해진다.
중심 문장을 시작 부분에 쓰고 도움 문장을 씀	∨운동을 하면 근육이 생겨서 체력이 강해진다. ▶ 중심 문장 예를 들어 운동을 꾸준히 하는 학생은 운동을 안 하는 학생보다 더 오랫동안 의자에 앉아서 공부할 수 있다. 근육이 생기면 몸이 빨리 피곤해지지 않기 때문이다. 실력이 좋은 축구 선수들이 더 빨리, 더 오래 뛸 수 있는 것도 운동을 많이 해서 다리 근육이 발달했기 때문이다.
중심 문장을 끝 부분에 쓰고 도움 문장을 씀	∨운동을 꾸준히 하는 학생은 운동을 안 하는 학생보다 더 오랫동안 의자에 앉아서 공부할 수 있다. 운동을 하면 근육이 생겨서 체력이 강해지기 때문이다. 실력이 좋은 축구 선수들이 더 빨리, 더 오래 뛸 수 있는 것도 운동을 많이 해서 다리 근육이 발달했기 때문이다. 이처럼 운동을 하면 체력이 강해져서 하고 싶은 것을 더 잘할 수 있게 된다. ▶ 중심 문장

02. 중심 문장이란?

중심 내용	중심 문장
• 운동의 좋은 점	운동을 하면 몸이 튼튼해져서 좋다.
• 운동의 부작용	갑자기 운동을 하거나 운동 방법을 모르면 다칠 수 있다.
• 부작용을 줄이는 방법	운동의 부작용을 줄이기 위해서는 준비 운동을 충분히 해야 한다.

03. 도움 문장이란?

중심 문장	운동을 하면 몸이 튼튼해진다. ↳ 자세히 설명하기	
도움 문장	왜냐하면 근육이 생기기 때문이다.	이유
	그 결과, 감기에 잘 걸리지 않을 뿐만 아니라 쉽게 피로를 느끼지 않는다.	결과
	예를 들어 축구를 하면 다리 근육이 발달한다.	예시
	실제로 운동이 심장병에 걸릴 위험을 줄인다는 연구 결과가 있었다.	사례
	운동을 하는 사람은 안 하는 사람보다 근육이 더 발달한다.	비교
	몸이 튼튼해야 사람들도 즐겁게 만나고 일도 잘할 수 있다.	조건
	운동을 안 하면 힘든 일을 조금만 해도 빨리 피곤해진다.	반대 가정
	운동을 많이 한다고 해서 다 몸이 좋아지는 것은 아니다.	부분 부정
	운동을 해도 별로 효과가 없는 경우도 있다.	예상과 반대

표현 정리

• (왜냐하면/그 이유는) ⋯⋯⋯⋯⋯⋯ -기 때문이다	이유
• (그 결과) ⋯⋯⋯⋯⋯⋯ -다	결과
• (예를 들어/예를 들면) ⋯⋯⋯⋯⋯⋯ -다	예시
• 실제로 ⋯⋯⋯ -다는/ㄴ다는/는다는 연구 결과[조사 결과]가 있다	사례
• ⋯⋯ 보다 더/덜 ⋯⋯⋯⋯ -다	비교
• ⋯⋯ -아/어야 ⋯⋯⋯⋯ -다/-(으)ㄹ 수 있다	조건
• ⋯⋯ -지 않으면 ⋯⋯⋯⋯ -다/-(으)ㄹ 수 없다[있다]	반대 가정
• ⋯⋯ -다고/ㄴ다고/는다고 해서 다[항상] -(으)ㄴ/는 것은 아니다	부분 부정
• ⋯⋯ -아/어도 ⋯⋯⋯⋯ -다	예상과 반대

단락, 쉽게 쓰기

○ 문장과 문장, 단락과 단락을 연결할 때 '접속어'를 사용해 보세요. 어떻게 하면 앞 문장과 자연스럽게 연결할 수 있는지 생각하면서 뒤 문장을 쓰세요.

- 매일 운동을 했다. **그래서** 건강해졌다.
- 매일 운동을 했다. **그러나** 건강이 별로 좋아지지 않았다.
- 건강을 위해서 운동을 해야 한다. **그리고** 식습관에도 신경을 써야 한다.
- 운동도 하고 식습관에도 신경을 써야 한다. **그래야/그러면** 건강해질 수 있다.
- 운동을 하면 체력이 좋아져서 힘든 일도 오래 할 수 있다. **그러므로/따라서** 운동을 해야 한다.

○ '지시어(앞 내용을 가리키는 말)'를 사용해 보세요.

- 날마다 한 시간씩 달리기를 했다. **이렇게** 노력한 결과, 다리가 전보다 튼튼해졌다.
- 너무 바빠서 운동을 전혀 못했다. **이로 인해** 체력이 많이 약해졌다.
- 운동을 안 하는 사람이 많다. **이런/이러한** 사람은 체력이 약해질 수밖에 없다.
- 운동을 하다가 다칠 때도 있다. **그런/그러한** 일을 막으려면 준비 운동이 필요하다.
- (…) 그뿐만 아니라 운동을 하면 기분 전환도 할 수 있다. **이처럼/이와 같이/이렇듯** 운동을 하면 좋은 점이 많다.

○ 문장과 문장, 단락과 단락이 어떻게 연결되는지 확인해 보세요.

- **중심 내용 : 유학 생활의 어려움과 좋은 점**

　유학 생활은 쉽지 않다. 우선 다른 나라에 가서 오래 살면 심리적으로 힘들 수 있다. 가족과 고향 친구를 자주 만날 수 없기 때문이다. 특히 부모님의 생일이나 가족 행사가 있을 때도 참석하지 못하고 혼자 있으면 외로움이 커진다. 또한 경제적으로 부담이 된다. 유학을 가면 고향에서 공부할 때보다 집값, 등록금, 생활비 등이 더 많이 들 수 있다. 이로 인해 돈을 벌려고 아르바이트를 하는 유학생들도 많다.
　그러나 유학 생활에는 좋은 점도 있다.(……)

→ 유학 생활이 어려운 첫번째 이유를 쓰려고 사용함. ≒ 먼저

→ 자주 만날 수 없는 여러 상황 중에서 하나를 이야기하려고 사용함

→ 유학 생활이 어려운 이유를 추가하려고 사용함. ≒ 그리고

→ 앞 내용을 가리킴.

→ 앞 단락과 반대되는 내용을 뒤에 쓰려고 사용함.

나. 중심 문장 쓰기

01. 중심 내용에 맞는 중심 문장을 고르십시오. (맞으면 ○, 틀리면 ×) 내용 구성 능력 UP

보기

중심 내용	유학의 좋은 점	
중심 문장	유학을 가면 좋은 점이 많다. ➡ 너무 포괄적이에요. 구체적인 장점을 써야 해요.	×
	유학을 하면 새로운 문화를 배우고 경험할 수 있다.	○
	유학은 어릴 때 가야 현지 생활에 빨리 적응할 수 있다. ➡ 중심 내용과 달라요.	×
	생활 속에서 현지 언어로 듣고 말할 기회가 많기 때문이다. ➡ 도움 문장에 어울려요.	×

*현지: 현재 있는 그곳

1)

중심 내용	웹툰 시장이 커지는 이유
중심 문장	인터넷을 통해 불법으로 웹툰을 보는 경우가 많아서 문제이다.
	웹툰의 장르와 소재가 다양해져서 더 많은 사람들이 즐길 수 있게 되었다.
	드라마 '이태원 클라쓰'는 웹툰을 드라마로 만들어서 성공한 사례이다.
	인터넷의 발달로 사람들이 언제 어디서나 웹툰을 볼 수 있게 되었기 때문이다.

*웹툰: 온라인 만화

2)

중심 내용	시골 생활의 단점
중심 문장	시골은 공기도 맑고 조용해서 살기가 좋다.
	시골에서 살면 편의 시설이 부족해서 불편하다.
	병원, 영화관 등 시골에 부족한 편의 시설을 늘려야 한다.
	예를 들어 시골에는 큰 병원이 없기 때문에 특별한 치료가 필요하면 도시로 가야 한다.

3) | 중심 내용 | 1인 미디어의 문제점

중심 문장	방송 내용이 사실과 다른 경우도 있다.
	아이들에게 나쁜 영향을 줄 수 있는 내용이 나오기도 한다.
	요즘은 혼자서도 쉽게 영상을 만들어서 인터넷에 올릴 수 있다.
	경험과 정보를 공유하기 위해 1인 방송을 하는 사람도 있다.

*1인 미디어: 한 사람이 여러 사람들과 교류하는 플랫폼(예:페이스북 등 사회관계망서비스)

02. 주어진 과제에 알맞은 내용을 골라서 중심 문장을 써 보십시오. 표현력 UP

보기

발전 가능성 / 높다   자신의 적성 / 잘 맞다
교육 / 삶의 질 / 높여 주다   빠른 사회 변화 / 적응하다

1) | 과제 | 직업을 구할 때 고려해야 할 점은 무엇인가?

| 중심 문장 1 | 자신의 적성에 잘 맞아야 한다. |
| 중심 문장 2 | |

*고려하다: 잘 생각하다

2) | 과제 | 평생 교육이 필요한 이유는 무엇인가?

| 중심 문장 1 | |
| 중심 문장 2 | |

*평생 교육: 태어나서 죽을 때까지 하는 모든 종류의 교육

03. 주어진 과제에 알맞은 내용으로 중심 문장을 써 보십시오. 구성 및 표현력 UP

1) | 과제 | 일회용품 사용을 줄여야 하는 이유는 무엇인가?

중심 문장 1 _____

중심 문장 2 _____

*일회용품: 한 번 쓰고 버리도록 만든 물건

2) | 과제 | 면접을 잘 보기 위해서는 어떻게 해야 하는가?

중심 문장 1 _____

중심 문장 2 _____

*면접: 사람을 뽑을 때 보는 시험의 종류이며 직접 만나서 대화를 함

다. 도움 문장 쓰기

01. 중심 문장과 도움 문장의 관계를 잘 확인해 보십시오. 내용 구성 능력 UP

1) 중심 내용 : 편의점 도시락이 인기가 많은 이유

중심 문장 ┌ 요즘 편의점 도시락을 찾는 사람이 많아졌다. 바쁘거나 피곤할 때
└ 간편하게 식사를 해결하고 싶어 하는 사람이 많기 때문이다.

도움 문장 ┌ 도시락은 전자레인지에 넣고 3분만 기다리면 바로 먹을 수 있다.
├ 그리고 시장에 가서 재료를 사는 시간, 요리하는 시간을 아낄 수 있고
└ 식사 후에도 설거지를 할 필요가 없어서 좋다.

skill
• 중심 내용이 '편의점 도시락이 인기가 많은 이유' 입니다. 그래서 중심 문장에서 '-기 때문이다'를 사용해 중심 내용에 대한 답을 분명하게 표현했습니다.
• 편의점 도시락이 왜 인기가 많은지 '도움 문장'에서 자세히 설명해 주고 있습니다.

2) 중심 내용 : 듣기의 중요성

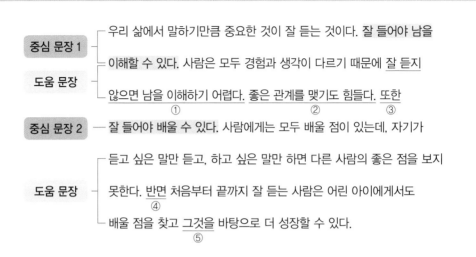

중심 문장 1 ── 우리 삶에서 말하기만큼 중요한 것이 잘 듣는 것이다. **잘 들어야 남을**

── **이해할 수 있다.** 사람은 모두 경험과 생각이 다르기 때문에 잘 듣지

도움 문장

── 않으면 남을 이해하기 어렵다. 좋은 관계를 맺기도 힘들다. 또한
　　①　　　　　　　　　　　　　②　　　　　③

중심 문장 2 ── 잘 들어야 배울 수 있다. 사람에게는 모두 배울 점이 있는데, 자기가

── 듣고 싶은 말만 듣고, 하고 싶은 말만 하면 다른 사람의 좋은 점을 보지

도움 문장 ── 못한다. 반면 처음부터 끝까지 잘 듣는 사람은 어린 아이에게서도
　　　　　　　④

── 배울 점을 찾고 그것을 바탕으로 더 성장할 수 있다.
　　　　　　⑤

① 반대 가정('-지 않으면 -기 어렵다')을 통해 중심 문장의 내용을 강조했습니다.

② 잘 듣지 않으면 어떤 결과가 발생하는지 내용을 더 추가했습니다. 그래서 'V-기도 (힘들다)'를 사용했습니다.

③ '또한'을 사용해서 중심 문장을 하나 더 추가했습니다.

④ '반면'을 사용해서 잘 듣지 않는 사람과 잘 듣는 사람을 대조했습니다. 그래서 잘 들어야 잘 배울 수 있다는 것을 효과적으로 설명했습니다.

⑤ '그것'은 바로 앞의 '배울 점'을 가리킵니다. 한 문장 안에서 같은 단어의 반복을 피하기 위해 사용했습니다.

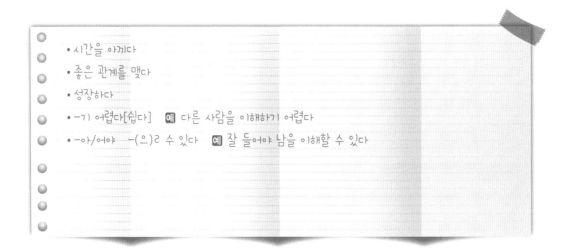

- 시간을 아끼다
- 좋은 관계를 맺다
- 성장하다
- -기 어렵다[쉽다]　예 다른 사람을 이해하기 어렵다
- -아/어야 -(으)ㄹ 수 있다　예 잘 들어야 남을 이해할 수 있다

02. 내용에 어울리는 도움 문장을 고르십시오. (맞으면 ○, 틀리면 ✕) 내용 구성 능력 UP

• 주제–패스트 패션(Fast Fashion)

패스트 패션이란 최신 유행에 맞춰 빠르게 만들어진 의류를 말한다. 자라(ZARA), H&M 같은 의류 회사가 대표적인 패스트 패션 브랜드이다. 요즘 쇼핑몰에 가면 이런 브랜드를 쉽게 볼 수 있고 매장마다 쇼핑하는 사람들로 가득하다. 그렇다면 사람들이 패스트 패션을 선호하는 이유는 무엇일까?

우선 요즘 유행하는 옷이 많기 때문에 좋아한다. **(중심 문장)**

① 패스트 패션 의류는 가격이 저렴한 편이다. ✕

② 예를 들어 유명한 배우가 드라마에 입고 나온 옷이 1–2주만 지나면 매장에 걸려 있다.

③ 계속 새로운 옷을 찾는 사람들로 인해 패스트 패션 산업은 점점 커지고 있다.

④ 유행하는 옷을 빨리 살 수 있기 때문에 사람들은 패스트 패션을 선호하게 되었다.

그러나 패스트 패션 의류로 인해 환경이 더 나빠지고 있다. **(중심 문장)**

① 왜냐하면 패스트 패션 의류는 디자인이 다양하기 때문이다.

② 따라서 우리는 쇼핑할 때 오래 입을 수 있는 옷을 사도록 해야 한다.

③ 옷을 만들 때도 물이 오염되고 버려진 옷을 처리할 때도 불로 태우기 때문에 공기가 오염된다.

④ 패스트 패션 의류는 싸고 예쁘지만 품질이 좋지 않아서 오래 입을 수 없고 유행이 바뀌면 쉽게 버리기 때문에 쓰레기가 늘어난다.

표현 노트

• 의류: 옷
• 매장: 가게
• 생산하다: 만들다
• 선호하다: N을/를 (N보다) 더 좋아하다
• 저렴하다: 싸다

Tip
도움 문장은 중심 문장을 좀 더 구체적으로 설명해 줍니다.

03. 제시된 내용을 활용해 단락을 완성해 보십시오. 표현력 UP

1) 주제-스마트폰 사용의 문제점

> 스마트폰은 이제 우리 생활에서 없어서는 안 될 필수품이 되었다. 그러나 자주
>
> 사용하다 보면 스마트폰에 중독될 수 있다.

보충 내용	① 스마트폰에 중독되다 → 집중력이 떨어지다 → 학습에도 나쁜 영향을 주다 ② 오랜 시간 고개를 숙이고 스마트폰을 보다 → 자세가 나빠지다 → 건강에 문제가 생기다

2) 주제-드론 사용의 장점과 단점

> 물건을 배달할 때나 영상을 찍을 때 드론을 사용하면 유용하다.

> 그러나 드론 사용으로 인한 문제점도 있다.

도움 문장	① 예를 들어 / 드론 / 있다 / 교통 / 불편한 곳 / 물건 / 빨리 / 배송할 수 있다 ② 높은 곳이나 위험한 장소 / 촬영할 때 / 드론 / 사용하다 / 사람 / 다칠 위험 / 줄어든다 ③ 비 / 많이 오다 / 바람 / 강하게 불다 / 고장 / 날 수 있다 ④ 하늘 / 드론 / 떨어지다 / 사고 / 발생할 수 있다

라. 써 보기

01. 제시된 내용을 활용해 단락을 완성해 보십시오.

쓰기 실력 UP

보기

중심 내용	식물 키우기의 좋은 점

　식물을 키우면 활동량이 늘어나서 건강에 좋다. 예를 들어 허브를 키우면 물도 줘야 하고 바람이 잘 통하도록 창문도 자주 열어 줘야 한다. 또 허브는 날씨가 추워지면 스트레스를 받기 때문에 따뜻한 곳으로 자리도 옮겨 줘야 한다. 이 외에도 식물을 키우면 심리적으로 안정감이 생겨서 좋다. 식물에 관심을 가지고 물을 주다 보면 외롭지 않고, 새 잎이 나는 것을 보면 행복해진다.

　*허브(Herb): 라벤더, 로즈마리 등 식물의 한 종류

• 중심 내용을 '반려동물 키우기의 좋은 점'으로 바꾸세요.
• 다음과 같이 내용을 바꾸세요.
　✓ 식물 → 반려동물, 허브 → 강아지, 물 → 밥
　　바람이 잘 통하도록 → 바이러스에 감염되지 않도록
　　창문도 자주 열어 줘야 하다 → 목욕도 자주 시키다
　✓ 날씨가 추워지다 → 집에만 있다, 따뜻한 곳으로 자리도 옮겨야 하다 → 산책도 같이 해야 하다
　✓ 새 잎이 나다 → 건강하게 잘 자라다

　　　　　　　　　　　　　　　　　　*반려동물에게 관심을 가지다

• 중심 내용: 반려동물 키우기의 좋은 점

02. 단락을 완성해 보십시오.

1) **과제**   도시에 인구가 집중되는 이유는 무엇인가?

도시에 사는 사람이 많은 이유는 무엇보다 일자리가 많고 다양하기 때문이다. 도시에는 대기업, 공장, 공공기관 등이 많아서 일자리를 찾기 위해 농촌을 떠나 도시로 가는 경우가 많다. 그뿐만 아니라 도시는 시골보다 생활에 필요한 편의 시설이 잘 되어 있어서 더 편리하게 살 수 있다. 예를 들면

*인구 집중: 사람이 많이 모임   *대기업: 큰 회사   *일자리: 일할 수 있는 곳

2) **과제**   아이돌(idol) 연습생 시스템(system)의 문제점은 무엇인가?

한국의 유명한 연예 기획사는 아이돌 가수를 만들기 위해 어린 학생들을 뽑아서 연습을 시킨다. 이들을 연습생이라고 하는데 연습생이라고 해서 모두 가수가 될 수 있는 것은 아니다. 다른 연습생보다 잘해야 가수로 데뷔할 수 있기 때문에 당연히 경쟁이 심할 수밖에 없다. 그래서

*연예 기획사: 가수나 배우 등 연예인들의 활동을 도와주는 회사 (SM, JYP 등)   *데뷔하다: 처음 등장하다

3) | 과제 | 감염병 확산을 막기 위해서 어떻게 해야 하는가?

감염병이 확산되는 것을 막기 위해서는

*감염병의 예: 코로나(Covid 19)

❷ 원고지 사용법

가. 확인하기

01. 시작, 글자

| O | ∨ | 우 | 리 | 는 | ∨ | 매 | 일 | ∨ | 도 | 서 | 관 | 에 | 서 | ∨ |

글자는
☐에 하나씩
쓰세요.

X	우	리	는	매	일	도	서	관	에	서	공	부	를	하	고
	우	리는		매일		도	서관	에서			공	부	를			하

02. 단락 바꾸기

○

V	우	리	는		매	일		도	서	관	에	서
공	부	를		한	다	.	아	침	부	터		밤	까
지		한	국	어		공	부	를		한	다	.	
V	그	런	데		어	제	는		도	서	관	에
못		갔	다	.	배	가		아	파	서		병	원

✕

밤	까	지		한	국	어	를		배	운	다	.	그
런	데		어	제	는		도	서	관	에		못	

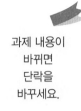

과제 내용이 바뀌면 단락을 바꾸세요.

03. 마침표(.) / 쉼표(,) / 물음표(?) 위치

○

V	우	리	는		열	심	히		공	부	를		한
다	.	날	마	다		한	국	어	를		배	운	다 .
한	국	어	를		잘	하	려	면		어	떻	게	
해	야		할	까	?	V	먼	저	,	단	어	를	

✕

	우	리	는		열	심	히		공	부	를		한
다	.		매	일		한	국	어	를		배	운	다
.	한	국	어	를		잘	하	려	면		어	떻	게
해	야		할	까	?		먼	저	,		단	어	

. / , / ?
위치와
그 뒤의 □을
잘 보세요.

04. 영문, 숫자

○

	U	N	은		20	50	년	에	는		세	계
인	구	가		10	0	억		명	이		되	고
전	체	의		66	%	가		도	시	에		살

✕

	UN	은		2	0	5	0	년	에	는		세	계
인	구	가		100	억		명	이		되	고		전	체
의		66%	가		도	시	에		살		것	이	라	고

(○)

K	or	ea

*대문자는 한 칸에 하나, 소문자는 한 칸에 두 글자씩 씁니다.
*숫자는 한 칸에 두 개씩 씁니다.

나. 연습하기

01. 주어진 문장을 원고지에 써 보십시오.

㉠ 누구나연습하면글을잘쓸수있다.

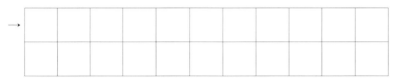

㉡ 버스,지하철등대중교통이용률을높여야한다.

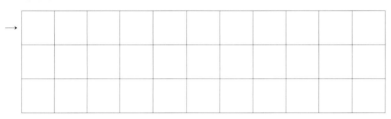

02. 두 단락으로 나누어서 원고지에 써 보십시오.

쇠고기 소비 증가는 환경에 나쁜 영향을 미친다. 소를 키울 수 있는 넓은 땅을 만들기 위해 숲을 없애기 때문이다. 브라질의 아마존에서는 한 달 동안 축구장 3만 개 정도 크기의 숲이 사라지기도 했다. 그렇다면, 이 문제를 해결하기 위해서는 어떻게 해야 할까? 우선 고기를 적게 먹도록 노력해야 한다. 또한 기업에서도 고기를 대신할 수 있는 제품을 개발하는 데 관심을 가져야 할 것이다.

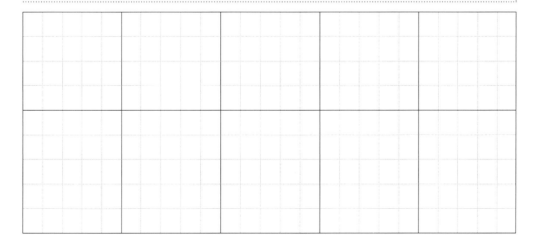

Ⅲ
과제별 쓰기

PART 1

1. 필요성 및 중요성 쓰기
2. 문제점 쓰기
3. 영향 및 효과 쓰기
4. 원인 쓰기
5. 방안 및 방향 쓰기
6. 종합 쓰기 연습

III 과제별 쓰기 · PART 1

① 필요성 및 중요성 쓰기

가. 준비하기

▶ 여러분은 어떤 것의 필요성이나 중요성에 대해 생각해 본 적이 있습니까?

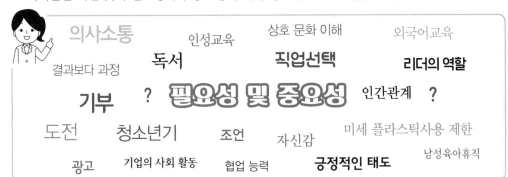

의사소통
인성교육   상호 문화 이해   외국어교육
결과보다 과정   독서   직업선택   리더의 역할
기부   ?   필요성 및 중요성   인간관계   ?
도전   청소년기   조언   자신감   미세 플라스틱사용 제한
남성육아휴직
광고   기업의 사회 활동   협업 능력   긍정적인 태도

▶ '필요성 및 중요성' 과제를 쓸 때 어떤 내용을 써야 할까요?

• 그것이 왜 필요하고, 왜 중요한지 생각해 보세요.

• 그것이 사람들에게 어떤 도움을 주고 사회적으로 어떤 의미가 있는지 구체적으로 써 보세요.

• '이런 경우에 필요하다'만 쓰지 말고 그것이 어떤 도움을 주기 때문에 필요한지, 무엇을 하기 위해서 필요한지, 어떤 역할 때문에 필요한지를 써야 합니다.

▶ 어떤 표현을 쓰는 것이 좋을까요?

• 그렇다면 N은 왜 필요할까[중요할까]?   예 그렇다면 조언은 왜 필요할까?
• 우선 −기 위해서 N이 필요하다   예 우선 새로운 지식을 얻기 위해서 독서가 필요하다.
• −다는 점에서 N은 중요하다   예 서로 도우며 살아가야 한다는 점에서 인간관계는 중요하다.
• N을 통해서 N을 −(으)ㄹ 수 있다   예 독서를 통해서 사고력을 기를 수 있다.
• N이 중요한 이유는 −기 때문이다   예 시간 관리가 중요한 이유는 효율적으로 일할 수 있기 때문이다.
• N은 −도록 해 주다/−게 해 주다   예 자신감은 새로운 일에 도전할 수 있도록 해 준다.

나. 문제 유형 확인하기

01. 필요성 / 중요성 ┄┄ 이유 ┄┄ 방안

독서는 우리의 삶에 긍정적인 영향을 미친다. 때로는 한 사람의 삶을 완전히 다른 방향으로 바꿔 놓기도 한다. 그래서 학교에서나 집에서 독서의 필요성을 강조하고 있지만 독서량은 생각보다 크게 늘지 않고 있다. 아래의 내용을 중심으로 '독서의 필요성과 독서량을 늘리는 방법'에 대한 자신의 생각을 쓰라.

∨ · 독서는 왜 필요한가? 과제 1
· 독서량이 늘지 않는 이유는 무엇인가? 과제 2
· 독서량을 늘리기 위해 어떤 노력을 해야 하는가? 과제 3

02. 필요성 / 중요성 ┄┄ 문제점 ┄┄ 방안

우리가 살고 있는 사회에는 문화적 배경이 다른 사람들이 많다. 그런데 문화가 다르면 함께 어울려 살아가는 것이 불편할 수도 있다. 또한 예상하지 못한 갈등이 생길 수도 있으므로 서로의 문화를 이해하는 것이 중요하다. 아래의 내용을 중심으로 '상호 문화 이해의 중요성'에 대한 자신의 생각을 쓰라.

∨ · 서로의 문화를 이해하는 것은 왜 중요한가? 과제 1
· 다른 문화를 인정하지 않았을 때 어떤 문제가 생기는가? 과제 2
· 다른 문화를 이해하기 위해서 어떤 노력을 해야 하는가? 과제 3

••• 과제 제시 표현	
필요성 및 중요성	· N은/는 우리에게 왜 필요한가? · N과/와 N이/가 모두 필요한 이유는 무엇인가? · 현대 사회에서 -는 것이 필요한 이유는 무엇인가? · N이/가 중요한 이유는 무엇인가? · N보다 N을/를 중시하는 이유는 무엇인가?

다. 수준별 예시 보기

과제 독서는 왜 필요한가?

기본

　우리는 어릴 때부터 책을 읽어야 한다는 말을 많이 들었다. 그렇다면 독서는 왜 필요할까? 첫째, 우리는 책을 통해 지식을 쌓을 수 있다. 책에는 우리가 알고 싶어 하는 내용이 거의 다 들어 있기 때문이다. 둘째, 생각하는 능력과 이해하는 능력을 기를 수 있다. 우리는 책을 읽으면서 많은 것을 생각하고 상상한다. 그래서 다른 사람들을 더 잘 이해하게 된다.

기본 표현

• ~다는 말을 많이 들었다
• 그렇다면 왜 필요할까?
• 책을 통해 지식을 쌓다
• 우리가 알고 싶어 하는 ~
• 능력을 기를 수 있다
• 더 잘 이해하게 되다

skill
• '그렇다면 ~을까?'라는 표현을 써서 이 단락에서 쓸 내용을 미리 제시하고 있습니다.
• '첫째, 둘째'를 써서 중심 내용을 분명하게 보여주고 있습니다.

중급

　우리는 어릴 때부터 독서의 필요성을 강조하는 말을 많이 들어 왔다. 그렇다면 독서는 왜 필요할까? 우선 책을 통해서 새로운 정보와 지식을 습득할 수 있기 때문이다. 책에는 체계적이고 풍부한 지식은 물론 상상력을 자극하는 이야기들이 많 다. 다음으로 독서는 생각의 폭을 넓히고 공감 능력을 길러 준다. 다양한 세계를 간접적으로 경험함으로써 생각도 넓어지고 다른 사람에 대한 이해도 깊어지게 된다.

중급 수준 표현

• 필요성을 강조하다
• ~는 말을 많이 들어오다
• 정보와 지식을 습득하다
• 체계적이고 풍부하다
• 상상력을 자극하다
• 생각의 폭을 넓히다
• 공감 능력을 길러 주다
• 간접적으로 경험함으로써

skill
• ②는 ①을 보충 설명했습니다. 그리고 같은 내용을 다르게 표현했습니다.
• 중급 문법을 반드시 사용해야 하는 것은 아닙니다. 다양한 어휘와 표현을 정확하게 쓰는 것이 중요합니다.

독서의 필요성은 동서고금을 막론하고 항상 강조되어 왔다. 이렇듯 독서를 강조하는 이유는 책에 다양한 분야의 정보와 지식이 풍부하게 담겨 있기 때문이다. 독서야말로 새로운 세계에 대한 호기심을 자극하고 지식에 대한 갈증을 해소해 줄 수 있는 가장 좋은 방법이다. 아울러 책을 통해 사고력과 통찰력, 인간을 깊이 이해하는 능력까지 기를 수 있다. 책은 우리를 끊임없이 생각하게 하며 다양한 삶의 방식을 간접적으로 체험하도록 이끌어 주기 때문이다.

고급 수준 표현

• 동서고금을 막론하고
• N이 풍부하게 담겨 있다
• 독서야말로 −는 방법이다
• 호기심을 자극하다
• 갈증을 해소하다
• 아울러
• 사고력과 통찰력
• 끊임없이 생각하게 하다
• 간접적으로 체험하다
• 이끌어 주다

 '책은 우리를 −게 하다', '−도록 이끌어 주다'와 같은 표현을 써서 글의 수준을 높였습니다.

라. 연습하기

01. 과제에 맞는 내용이면 ○, 맞지 않는 내용이면 × 하십시오.

내용 구성 능력 UP

1) 인간관계는 왜 중요한가?

① 사람은 혼자 살아갈 수 없는 존재이다. ○

② 사람은 다른 사람들과의 관계를 통해서 더 성장할 수 있다.

③ 인간관계를 잘 유지하기 위해서는 상대방을 배려하는 마음을 가져야 한다.

④ 인간관계가 좋으면 힘든 일이 있을 때 조언도 듣고 도움도 받을 수 있다.

⑤ 좋은 관계를 맺기 위해서는 서로 믿고 약속을 지키는 것이 가장 중요하다.

2) 미세 플라스틱 사용 제한은 왜 필요한가?

① 미세 플라스틱은 생활용품을 만드는 데 꼭 필요하다.

② 미세 플라스틱은 환경에 나쁜 영향을 주기 때문이다.

③ 바다에 살고 있는 물고기들이 먹을 수 있기 때문에 제한해야 한다.

④ 미세 플라스틱이 들어간 화장품이나 생활용품을 사용하면 안 된다.

⑤ 미세 플라스틱이 우리 몸에 쌓이게 되면 건강에 문제가 생길 수 있다.

*미세 플라스틱: 5mm 미만의 아주 작은 플라스틱

02. 과제 수행 정도에 따라 ○, △, ✕로 표시하십시오. (기준 p.24 참고) 내용 구성 능력 UP

1) 조언은 왜 필요한가?

① 사람은 누구나 살아가는 동안 힘들거나 어려울 때가 있다. 이럴 때 누군가의 한 마디 말이 큰 도움이 되기 때문에 조언이 필요하다. 예를 들어 어려운 결정을 해야 할 때 주변 사람들의 조언을 듣는다면 좀 더 현명한 결정을 내릴 수 있다. 또한 내가 생각하지 못했던 좋은 방법을 알게 되어 더 빨리 문제를 해결할 수 있다.

② 누구나 살면서 어려운 문제를 해결해야 될 때가 있다. 이럴 때는 어떻게 하는 것이 좋을까? 어떤 사람은 책을 통해 방법을 찾기도 하고 어떤 사람은 자신이 존경하는 사람에게 조언을 구하기도 한다. 하지만 조언을 구할 때는 자신의 상황을 잘 알고 이해하는 사람을 찾아가는 것이 좋다.

③ 우리는 혼자 해결하기 어려운 일이 있을 때 조언을 구한다. 힘든 일을 겪을 때 누군가의 조언은 큰 힘이 된다. 또한 더 나은 결정을 하고 싶을 때 조언을 구하기도 한다. 하지만 조언을 구할 때는 경험이 있는 선배나 주변 친구들보다는 전문가에게 조언을 구하는 것이 좋다.

※ 답지에 설명이 있습니다. 확인해 보세요.

03. 다음을 참고하여 제시된 표현으로 문장을 만들어 보십시오. 문장의 정확성 UP

- A/V + N ➡ −(으)ㄴ/는/(으)ㄹ
- N이다 + N ➡ N인
- ' ' + N(점) ➡ −다는, −라는
- ' ' + V(할 수 있다) ➡ −다고, −라고
- + ? ➡ −고, −(으)면, −도록, −(으)ㄴ/는지
- N + N ➡ 과/와, 의, (이)나
- { } + A/V ➡ −것, −기
- (T) −topic ➡ N은/는

1) 일 / 하다 + 때 / 동기 / 없다 + ? / 즐겁게 / {일하다} + 어렵다

➡ 일을 할 때 동기가 없으면 즐겁게 일하기(가) 어렵다.

2) 다른 사람들 / {잘 지내다} + 위해서(는) / 배려하다 + ? / 존중하다 + 마음 / 필요하다

➡

3) 어렵다 + 일 / 있다 + 때 / 누군가 + 조언(T) / 크다 + 도움 / 되다

➡

4) 공공시설이다 + 도서관(T) / 시민들 + 삶의 질 / '높여 주다' + 점 / 아주 / 중요하다

➡ _____

5) 결과보다 과정 / 중요하다 + 이유(T) / 과정 / 통해서 / 많다 + 것 / {배우다} + 때문이다

➡ _____

6) 예술 교육(T) / 아이들 / 자신 + 감정 / 잘 표현하다 + ? / 도와주다

➡ _____

7) 자신 + 목표 / {이루다} + 위해서(는) / 시간 관리 / 필수적 / 요구되다

➡ _____

8) 자기소개서 / {쓰다} + 전 / 나 / 어떤 장점 / 있다 + ? / {생각해 보다} + 필요하다

➡ _____

9) 청소년기(T) / 자신 + 정체성 / 찾아가다 + '시기' + 점 / '중요하다' + 할 수 있다

➡ _____

10) 우리 문화 / 어디에서 왔다 + ? / {알아야 하다} + 때문에 / 전통문화 / 지키다 + 필요 / 있다

➡ _____

- 다른 사람들과 잘 지내다
- 큰 도움이 되다
- 삶의 질을 높여 주다
- 필수적으로 요구되다
- 전통문화를 지키다

04. 알맞은 순서로 배열해 보십시오. ※ ⬚ ➡ 중심 서술어 (A, V, N이다) 문장 구성 능력 UP

1) 경험함으로써, 생각의, 넓어진다, 다양한, 간접적으로, 폭이, 세계를

➡ 다양한 세계를 간접적으로 경험함으로써 생각의 폭이 넓어진다.

2) 경제적으로, 직업은, 안정된, 유지하도록, 삶을, 도와준다

➡

3) 사회 구성원이, 되기 위해, 독립적인, 청소년기는, 준비하는, 시기이다

➡

4) 발전하기 위해서는, 대한, 도전이, 필요하다, 변화하고, 새로운 것에,

➡

5) 중요해졌다, 한 사람의, 할 수 없는, 많아짐에 따라, 능력으로, 일이, 협업 능력이

➡

05. 제시된 표현을 이용해 문장을 완성하십시오. 문장 구성 능력 UP

1) 기부란 돈이나 물건 등으로 _____ .
어려운 이웃 / 도와주다

2) 긍정적인 태도는 _____ 큰 도움이 된다.
어려움 / 극복하다

3) 바른말 사용은 다른 사람들과의 _____ 해 준다.
의사소통 / 원활하다

4) _____ 지구의 환경을 지키기 위해서 반드시 필요하다.
쓰레기 / 줄이다

5) 사람들과 더 좋은 _____ 점에서 공감 능력은 중요하다.
인간관계 / 맺을 수 있도록 하다

6) 일과 삶의 균형이 중요한 이유는 일상의 행복을 _____ .
느끼다 / 살고 싶다

※ 답지에 설명이 있습니다. 확인해 보세요.

06. 제시된 표현을 이용해 문장을 길게 만들어 보십시오.

표현력 UP

1) 일회용품 사용 제한은 　　　 −기 위해서 　　　 필요하다

▶ 일회용품 사용 제한은 플라스틱 사용을 줄이기 위해서 꼭 필요하다.

▶ 일회용품 사용 제한은 점점 심각해지는 환경 문제를 줄이기 위해서 반드시 필요하다.

2) 우리는 　　　 N을/를 통해서 　　　 −(으)ㄹ 수 있다

▶

▶

3) 실패의 경험은 　　　 −다는/라는 점에서 　　　 중요하다

▶

▶

4) 자신감이 중요한 이유는 　　　 −(으)ㄹ 때 　　　 −기 때문이다

▶

▶

5) 사람들은 누구나 　　　 −고 싶어 한다 　　　 그래서 　　　 N이/가 필요하다

▶

▶

07. 문장에 어울리는 중·고급 표현을 골라 써 보십시오.

`표현 수준 UP`

> - 통해(서)
> - 늘어나다
> - 원만해지다
> - 보호하다
> - 대비하다
> - 줄이다
> - 이루어지다
> - 높아지다
> - 실현하다
> - 습득하다

1) 독서를 많이 하면 어려운 내용도 잘 이해하게 된다.

➤ 독서량이 <u>늘어나면</u> 이해력도 <u>높아진다</u> .

2) 의사소통이 잘 되면 사람들과의 사이도 좋아진다.

➤ 의사소통이 제대로 _____ 인간관계도 _____ .

3) 책을 읽으면 새로운 정보를 알게 되고 모르는 것을 배울 수 있다.

➤ 책을 _____ 새로운 정보와 지식을 _____ .

4) 일회용품을 덜 쓰면 환경을 지킬 수 있어서 좋다.

➤ 일회용품 사용을 _____ 환경을 _____ 는 데 도움이 된다.

5) 미래를 준비하고 꿈을 이루기 위해 자기 개발이 필요하다.

➤ 미래를 _____ 꿈을 _____ 자기 개발이 필요하다.

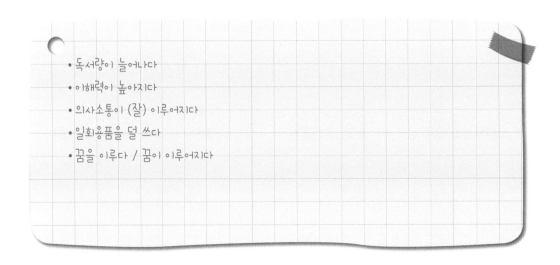

- 독서량이 늘어나다
- 이해력이 높아지다
- 의사소통이 (잘) 이루어지다
- 일회용품을 덜 쓰다
- 꿈을 이루다 / 꿈이 이루어지다

마. 써 보기

01. 제시된 내용으로 '필요성 및 중요성' 과제에 대해 써 보십시오. [쓰기 실력 UP]

> **과제 1)** **직업 선택이 중요한 이유는 무엇인가?**
> • 경제적으로 안정된 생활을 할 수 있다 • 일하는 즐거움을 느낄 수 있다

  한 사람의 인생에서 직업은 아주 중요하다. 직업은 경제적인 안정을 유지하는 데 필요
할 뿐만 아니라 삶의 기쁨과 보람을 느끼는 데 중요한 역할을 한다.

_____

_____

_____

> **과제 2)** **우리 사회에 나눔 문화가 필요한 이유는 무엇인가?**
> • 어려울 때 서로 도와줄 수 있다   •

_____

_____

_____

> **과제 3)** **결과보다 과정이 중요한 이유는 무엇인가?**
> •   •

_____

_____

_____

❷ 문제점 쓰기

가. 준비하기

▶ 여러분은 이런 문제점에 대해 생각해 본 적이 있습니까?

도시 인구 집중   **돈의 가치만 중시할 때**   경쟁의 결과에만 집중할때

차별

인터넷의 발달   **조기교육**   일회용품 사용

기후 변화   ?   **문제점**   **리더의 능력 부족**

게임 중독   과학 기술 발달   ?

높은 교육열   고령화 사회

SNS 이용 증가   가짜 뉴스   **감염병 확산**   인공지능(AI)발달

▶ '문제점' 관련 과제에 대해 쓸 때 어떤 내용을 써야 할까요?

• 어떤 문제가 나타나고 있는지 문제점을 구체적으로 쓰세요. '문제가 크다, 문제가 생기고 있다'는 내용만 쓰지 말고 어떤 문제가 발생하고 있는지 자세하게 써야 합니다.

• 몇 사람만 느끼는 문제점이 아니라 대부분의 사람들이 느끼는 문제점, 주변에서 흔히 말하는 문제점, 주로 뉴스에서 들어 본 적이 있는 문제점을 생각해 보세요.

▶ 어떤 표현을 쓰는 것이 좋을까요?

• N(으)로 인해 N이 발생하다   예 기후 변화로 인해 자연재해가 발생한다.

• -(으)면 -기(가) 어렵다   예 게임 중독에 빠지면 일상생활을 제대로 하기가 어렵다.

• -(으)ㄹ 경우 -게 되다[-아/어지다]   예 자신감이 부족할 경우 새로운 도전을 하지 않게 된다.

• N의 문제점은 -다는 것이다   예 조기 교육의 문제점은 아이들의 정서 발달에 부정적인 영향을 준다는 것이다.

• -(으)면 -(으)ㄹ 수밖에 없다   예 경쟁이 심하면 스트레스가 쌓일 수밖에 없다.

나. 문제 유형 확인하기

01. [문제점] ↔ 원인 ↔ 방안

기후 변화란 오랜 기간 동안 지속적으로 일어나는 날씨의 변화를 말한다. 최근 이러한 기후 변화로 인해 자연재해가 발생하는 등 많은 문제가 나타나고 있으며 기후 변화는 우리 생활에도 직접적인 영향을 미치고 있다. 아래의 내용을 중심으로 '기후 변화의 문제점과 원인'에 대한 자신의 생각을 쓰라.

 V • 기후 변화로 인해 나타나는 문제점은 무엇인가? 과제 1

   • 이러한 기후 변화의 원인은 무엇인가? 과제 2

   • 기후 변화 문제를 해결하기 위해 우리가 할 수 있는 것은 무엇인가? 과제 3

02. 긍정적 효과 ↔ [문제점] ↔ 방안

요즘 컴퓨터 게임이나 휴대폰 게임을 즐기는 사람들이 증가하고 있다. 그러나 게임을 즐김으로써 얻을 수 있는 긍정적인 효과도 있지만 문제점이 나타나는 경우도 적지 않다. 아래의 내용을 중심으로 '게임의 긍정적인 효과와 문제점'에 대한 자신의 생각을 쓰라.

   • 게임을 통해 어떤 긍정적 효과를 얻을 수 있는가? 과제 1

 V • 게임으로 인해 어떤 문제가 발생할 수 있는가? 과제 2

   • 이러한 문제를 줄이기 위해 어떻게 해야 하는가? 과제 3

💬 과제 제시 표현

문제점	• N의 문제점은 무엇인가? • N(으)로 어떤 문제점이 생길 수 있는가? • N(으)로 인해 발생하는 문제점은 무엇인가? • N(으)로 인해 어떤 문제가 나타날 수 있는가? • N(으)로 어떤 부작용이 나타날 수 있는가?	※ N(으)로 N(으)로 인해 = N 때문에 ※ 문제가 발생하다 = 문제가 생기다 = 문제가 나타나다

다. 수준별 예시 보기

기후 변화로 인해 나타나는 문제점은 무엇인가?

기본

　최근 기후 변화에 대한 사람들의 관심이 커지고 있다. 기후 변화가 심해져서 세계적으로 많은 문제가 생기고 있기 때문이다. 남극의 얼음이 녹으면서 그곳에 있는 동물들도 살기가 어려워졌다. 그리고 오랫동안 비가 내리지 않거나 갑자기 큰비가 오고 태풍도 자주 와서 사람들의 생활도 힘들어졌다. 이렇게 날씨가 옛날과 달라지면 새로운 병도 많이 생긴다. 기후 변화는 사람들의 건강에도 나쁜 영향을 준다.

기본 표현

- 관심이 커지고 있다
- 세계적으로
- 문제가 생기다
- 살기가 어려워지다
- 생활이 힘들어지다
- 옛날과 달라지다
- 건강에 영향을 주다

- '-기 때문이다'로 이유를 설명하고 '남극의 얼음이~'로 예를 들어 설명했습니다.
- 기후 변화 때문에 생기는 문제점을 구체적으로 설명했습니다.

중급

　최근 기후 변화 문제에 관심을 기울이는 사람들이 늘어났다. 세계 곳곳에서 기후 변화로 인한 피해가 점점 커지고 있기 때문이다. 대표적인 예로 남극의 빙하가 녹는 것을 들 수 있다. 그래서 그 지역 동물들은 살 곳을 잃게 되었다. 그뿐만 아니라 자연재해도 많이 발생하고 있다. 가뭄이 계속되거나 폭우, 폭설이 내리기도 하고 태풍도 이전에 비해 많아졌다. 또한 자연재해는 질병이 발생하기 좋은 환경을 만들기 때문에 사람들의 건강에도 나쁜 영향을 미치고 있다.

중급 수준 표현

- 관심을 기울이다
- 피해가 점점 커지다
- 대표적인 예로 ~들 수 있다
- 그뿐만 아니라
- 자연재해가 발생하다
- ~ 기도 하고
- 나쁜 영향을 미치다

- '대표적인 예로 ~ N을 들 수 있다'와 같은 호응 표현으로 수준을 높였습니다.
- '자연재해, 가뭄, 폭우, 폭설, 질병' 같은 중급 수준의 어휘를 사용했습니다.
- 어휘에 맞는 적절한 서술어를 선택하고 정확하게 사용했습니다.

최근 기후 변화 문제에 사람들의 관심이 집중되고 있다. 세계 곳곳에서 발생하는 자연재해가 기후 변화의 심각성을 보여주기 때문이다. 남극의 빙하가 녹기 시작하면서 주변 지역의 생물들이 멸종 위기에 처하게 되었으며 생태계도 파괴되고 있다. 그뿐만 아니라 장기간 가뭄이 이어지거나 폭우, 폭설이 쏟아지고 태풍도 빈번하게 발생한다. 이러한 이상 기후는 질병 발생률을 높여 인류의 건강까지 위협하고 있다.

고급 수준 표현

- 관심이 집중되다
- 심각성을 보여주다
- 멸종 위기에 처하다
- 생태계가 파괴되다
- 장기간 가뭄이 이어지다
- 빈번하게 발생하다
- 질병 발생률을 높이다
- 건강을 위협하다

 '멸종 위기에 처하다, 생태계가 파괴되다'와 같은 고급 표현으로 언어 수준을 올렸습니다.

라. 연습하기

01. 과제에 맞는 내용이면 ○, 맞지 않는 내용이면 × 하세요.

`내용 구성 능력 UP`

1) 인터넷의 발달로 인한 문제점은 무엇인가?

① 인터넷의 발달로 더 많은 사람들과 교류하게 되었다.

② 인터넷을 이용한 각종 사이버 범죄가 발생하고 있다.

③ 인터넷 덕분에 언제 어디서나 의사소통과 정보 교환이 가능해졌다.

④ 컴퓨터 바이러스가 빠르게 퍼져서 많은 사람들에게 피해를 준다.

⑤ 나라 간의 교류가 증가해서 다양한 문화도 즐기고 쇼핑도 자유롭게 한다.

2) 돈의 가치만 중시할 경우 생길 수 있는 문제점은 무엇인가?

① 돈을 버는 일에만 몰두하다 보면 다른 소중한 것을 잃어버릴 수 있다.

② 돈만 중시하는 태도를 버리고 자신만의 행복을 찾아야 할 것이다.

③ 돈을 벌기 위해 수단과 방법을 가리지 않는 사람들이 많아질 것이다.

④ 돈이 많을수록 할 수 있는 일들이 많아지므로 돈은 반드시 필요하다.

⑤ 가난한 사람들은 능력이 없거나 열심히 일하지 않는다고 생각할 수 있다.

*수단과 방법을 가리지 않다: 나쁜 일이라도 목적을 이루기 위해서 무조건 한다

02. 과제 수행 정도에 따라 ○, △, ×로 표시하십시오. (기준 p.24 참고) [내용 구성 능력 UP]

1) 게임으로 인해 발생하는 문제점은 무엇인가?

① 하지만 게임 때문에 게임 중독에 빠지기도 한다. 이런 문제가 생기는 가장 큰 이유는 일단 게임을 시작하면 스스로 통제하기가 쉽지 않기 때문이다. 그렇지만 긍정적인 효과도 있다. 게임 기술이 발달해 현실에서 할 수 없는 일을 게임 속에서 해 볼 수 있다. 또한 학습용 게임은 아이들의 공부를 도와줄 수도 있다.

② 하지만 게임으로 인해 생기는 문제점도 많다. 게임을 하는 시간이 점점 길어지기 시작하면 다른 일을 못 하게 된다. 특히, 게임 중독에 빠지면 일상적인 생활조차 하기가 어려워진다. 이를 해결하기 위해서는 주위에 있는 사람들이 도와줘야 한다. 상담을 받거나 심하면 병원에 가서 치료를 받을 수 있도록 해야 한다.

③ 하지만 게임으로 인해 발생하는 문제점 또한 적지 않다. 게임은 중독성이 강해서 일단 시작하면 멈추기가 어렵다. 그래서 중독 상태에 이르게 되는데 이렇게 되면 신체 건강뿐만 아니라 정신 건강을 해칠 수 있다. 감정을 조절하기가 어려워지고 불안감도 커진다. 게임만 하면서 고립된 생활을 할 경우에는 더 심각한 문제를 초래하게 된다.

※ 답지에 설명이 있습니다. 확인해 보세요.

03. 다음을 참고하여 제시된 표현으로 문장을 만들어 보십시오. [문장의 정확성 UP]

- A/V + N ➡ −(으)ㄴ/는/(으)ㄹ
- N이다 + N ➡ N인
- ' ' + V(생각하다) ➡ −다고, −라고
- { } + A/V/N ➡ −것, −기
- + ? ➡ −아/어서, −(으)므로, −(으)면, −고, −거나
- N + N ➡ 과/와, 의, (이)나
- (T) −topic ➡ N은/는

1) 그 이유 / 세계 곳곳 / 기후 변화로 인하다 + 피해 / 점점 / {커지고 있다} + 때문이다

➡ 그 이유는 세계 곳곳에서 기후 변화로 인한 피해가 점점 커지고 있기 때문이다.

2) 대표적이다 + 예 / 남극 + 빙하 / {녹다} + 들 수 있다

➡

3) 기후 변화(T) / 질병 / {발생하다} + 좋다 + 환경 / 만들다

➡

4) 과정보다 / 결과 / 중시하다 + 경우 / 경쟁으로 인하다 + 스트레스 / 심해지다

➡ _____

5) 게임(T) / 중독성 / 강하다 + ? / 일단 / 시작하다 + ? / {멈추다} + 어렵다

➡ _____

6) 사람 / 하다 + 일 / 인공지능 로봇 / 대신하게 되다 + ? / 일자리 / 사라질 것이다

➡ _____

7) 가난하다 + 사람들(T) / 능력 / 없다 + ? / 열심히 / '일하지 않다' + 생각할 수 있다

➡ _____

8) 개인 정보 / 잘 / 관리하지 못하다 + ? / 크다 + 피해 / 입을 수 있다

➡ _____

9) 리더 / 능력 / 부족하다 + 경우 / 사람들 / 불안해지다 + ? / 희망 / 잃게 되다

➡ _____

10) 다문화 사회(T) / 서로 다르다 + 문화 / 섞여 있다 + ? / 갈등 / 생길 수 있다

➡ _____

- 질병이 발생하다
- 과정보다 결과를 중시하다
- 중독성이 강하다
- 일자리가 사라지다
- 피해를 입다
- 갈등이 생기다

04. 알맞은 순서로 배열해 보십시오. ※ ⬜ ➡ 중심 서술어 (A, V, N이다) _{문장 구성 능력 UP}

1) 소통 능력이,   신뢰를,   없으면,   구성원들의,   리더에게,   잃게 된다

➜ 리더에게 소통 능력이 없으면 구성원들의 신뢰를 잃게 된다.

2) 사라질 경우,   공기도,   더 더워지고,   여름은,   숲이,   나빠진다

➜

3) 사람들에게,   외모에 대한,   준다,   편견은,   지울 수 없는,   상처를

➜

4) 위협하고 있다,   기후 변화는,   건강을,   질병 발생률을,   높임으로써,   인류의

➜

5) 새로운 시도나,   집중하면,   도전을,   경쟁의 결과에만,   하지 않게 된다

➜

05. 제시된 표현을 이용해 문장을 완성하십시오. _{문장 구성 능력 UP}

1) 고정관념을 가질 경우 _____ .
   객관적인 판단 / 하다 / 어렵다

2) 일회용품 사용으로 인해 _____ 발생하게 된다.
   쓰레기 / 늘어나다 / 문제

3) 로봇이 사람의 자리를 대신한다면 _____ .
   많은 사람들 / 일자리 / 잃게 되다

4) 조기 교육의 문제점은 아이가 싫어해도 부모가 원하면 _____ .
   할 수밖에 없다

5) 노인 인구 비중이 높아질 때 생기는 문제점은 노동 인구 감소로 _____ .
   경제 성장 / 느려지다

6) _____ 경우, 항상 다른 사람의 평가를 의식할 수밖에 없다.
   자신감 / 부족하다

※ 답지에 설명이 있습니다. 확인해 보세요.

06. 제시된 표현을 이용해 문장을 길게 만들어 보십시오.

표현력 UP

1) 다름을 인정하지 않으면   −(으)ㄹ 수 있다

► 다름을 인정하지 않으면 생활 방식이 달라서 같이 살기가 어려울 수 있다.

► 다름을 인정하지 않으면 서로 이해받지 못한다고 생각해 갈등이 생길 수 있다.

2) 기후 변화로 인해   −고 있다

►

►

3) 도시 문제의 대표적인 예로   들 수 있다

►

►

4) 현대 사회의 문제점은   −다는 것이다

►

►

5) 스트레스가 심해지면   −(으)ㄹ 뿐만 아니라   −아/어지다[게 되다]

►

►

07. 문장에 어울리는 중·고급 표현을 골라 써 보십시오.

표현 수준 UP

> • 발생하다　　• 증가하다　　• 파괴되다　　• 피해를 입다　　• 고립되다
> • 확산되다　　• 초래하다　　• 제한되다　　• 신뢰를 잃다　　• 처하다

1) 갑자기 큰비가 오거나 눈이 많이 오면 사람들은 일을 못 하거나 잃어버리는 것이 많다.

　➡ 갑자기 자연재해가 ⎽⎽⎽발생하면⎽⎽⎽ 사람들이 큰 ⎽⎽⎽⎽⎽⎽⎽⎽⎽⎽⎽⎽⎽⎽⎽⎽⎽⎽⎽.

2) 가짜 뉴스가 많아지면 서로를 믿지 못하게 된다.

　➡ 가짜 뉴스가 ⎽⎽⎽⎽⎽⎽⎽⎽⎽⎽⎽⎽ 서로에 대한 ⎽⎽⎽⎽⎽⎽⎽⎽⎽⎽⎽⎽⎽⎽⎽⎽⎽⎽⎽.

3) 게임만 하면서 혼자 지내면 더 큰 문제를 만들 수 있다.

　➡ 게임만 하면서 ⎽⎽⎽⎽⎽⎽⎽⎽⎽⎽⎽⎽ 생활을 할 경우 더 큰 문제를 ⎽⎽⎽⎽⎽⎽⎽⎽⎽⎽⎽.

4) 환경오염 때문에 동물들이 사는 환경이 나빠지면 나중에는 사라지게 될 수도 있다.

　➡ 환경오염으로 인해 생태계가 ⎽⎽⎽⎽⎽⎽⎽⎽⎽⎽⎽⎽ 동물들은 멸종 위기에 ⎽⎽⎽⎽⎽⎽⎽⎽⎽.

5) 위험한 감염병이 빠르게 퍼지면 마음대로 다닐 수 없게 된다.

　➡ 치명적인 감염병이 빠르게 ⎽⎽⎽⎽⎽⎽⎽⎽⎽⎽⎽⎽ 이동의 자유가 ⎽⎽⎽⎽⎽⎽⎽⎽⎽⎽⎽⎽⎽.

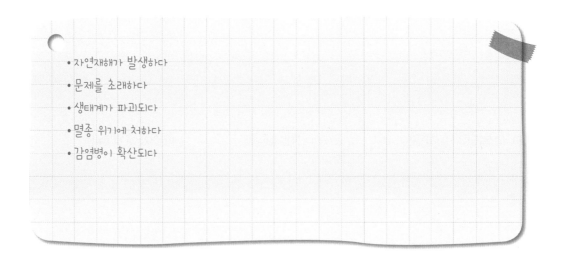

- 자연재해가 발생하다
- 문제를 초래하다
- 생태계가 파괴되다
- 멸종 위기에 처하다
- 감염병이 확산되다

마. 써 보기

01. 제시된 내용으로 '문제점' 과제에 대해 써 보십시오.   쓰기 실력 UP

> **과제 1)** 경쟁의 결과에만 집중할 때 생기는 문제점은 무엇인가?
> - 결과에 대한 스트레스가 심하다   - 새로운 시도나 도전을 하지 않는다

경쟁의 결과에만 집중하면 스트레스가 심해진다. 결과에 상관없이 과정을 즐기면 배우는 것도 많고 유익한 경험도 하게 된다. 그런데

> **과제 2)** 인공지능(AI) 발달로 인해 생기는 문제점은 무엇인가?
> - 사람들이 일자리를 잃게 된다   -

> **과제 3)** 리더의 능력이 부족할 때 어떤 문제가 생기는가?
> -   -

❸ 영향 및 효과 쓰기

가. 준비하기

▶ 여러분은 어떤 것의 영향이나 효과에 대해 생각해 본 적이 있습니까?

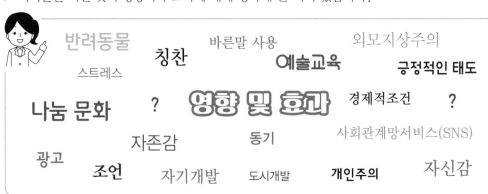

반려동물　　칭찬　　바른말 사용　　외모지상주의

스트레스　　예술교육　　긍정적인 태도

나눔 문화　　?　　영향 및 효과　　경제적조건　　?

자존감　　동기　　사회관계망서비스(SNS)

광고　　조언　　자기개발　　도시개발　　개인주의　　자신감

▶ '영향 및 효과' 관련 과제를 쓸 때 어떤 내용을 써야 할까요?

• 그것으로 인해 어떤 일이 생기는지, 어떤 변화가 일어나는지 생각해 보세요. 그리고 좋은 변화와 나쁜 변화를 구체적으로 생각해 본 후에 써 보세요.

• 그것이 필요한 이유나 장점, 단점을 쓰면 안 됩니다. 그것이 우리 삶이나 생활, 사회에 어떤 결과로 나타나는지를 써야 합니다.

▶ 어떤 표현을 쓰는 것이 좋을까요?

• N은 N을 -게 하다　　예 과학 기술의 발달은 우리의 생활을 더욱 편리하게 해 주었다.

• N은 N에/에게 긍정적인 영향을 미치다　　예 칭찬은 아이들에게 긍정적인 영향을 미친다.

• N은 -는 데 도움이 되다　　예 자기 개발은 더 나은 삶을 사는 데 도움이 된다.

• N의 긍정적인[부정적인] 효과는 -다는 것이다　　예 경쟁의 긍정적인 효과는 최선을 다하도록 동기를 부여한다는 것이다.

• N은 -냐에 따라 달라질 수 있다　　예 그날의 기분은 날씨가 어떠냐에 따라 달라질 수 있다.

• -(으)면 -기도 하고 -기도 하다　　예 스트레스를 받으면 쉽게 화를 내기도 하고 불안감을 느끼기도 한다.

나. 문제 유형 확인하기

01. [긍정적 영향] ↔ [부정적 영향] ↔ 방법

'칭찬은 고래도 춤추게 한다'는 말처럼 칭찬에는 강한 힘이 있다. 그러나 칭찬이 항상 긍정적인 영향을 주는 것은 아니다. 아래의 내용을 중심으로 칭찬에 대한 자신의 생각을 쓰라.

- ∨ • 칭찬이 미치는 긍정적인 영향은 무엇인가?   과제 1
- ∨ • 부정적인 영향은 무엇인가?   과제 2
- • 효과적인 칭찬의 방법은 무엇인가?   과제 3

〈TOPIK 47회 기출〉

02. 필요성 ↔ [긍정적 효과] ↔ 방안

요즘 학교나 지역사회에서 다양한 방식의 예술 교육이 이루어지고 있다. 음악, 미술 등의 교육을 통해 얻을 수 있는 효과가 크기 때문인데 예술 교육은 특히, 아이들에게 긍정적인 영향을 미치는 것으로 나타났다. 아래의 내용을 중심으로 '예술 교육의 필요성과 긍정적 효과'에 대한 자신의 생각을 쓰라.

- • 예술 교육은 왜 필요한가?   과제 1
- ∨ • 예술 교육을 통해 얻을 수 있는 긍정적인 효과는 무엇인가?   과제 2
- • 예술 교육을 잘하기 위해 어떻게 해야 하는가?   과제 3

●●● 과제 제시 표현

영향 및 효과	• N의 긍정적인 영향은 무엇인가? • N의 부정적인 영향은 무엇인가? • N은/는 우리 삶[사회]에 어떤 영향을 미치는가? • N을/를 통해 얻을 수 있는 긍정적인 효과는 무엇인가? • N은/는 우리 사회에 어떤 변화를 가져올 수 있는가?

다. 수준별 예시 보기

칭찬이 미치는 긍정적인 영향은 무엇인가?

기본

사람들은 누구나 칭찬을 들으면 기분이 좋아진다. 그래서 공부나 일을 할 때 더 열심히 하게 된다. 칭찬을 받으면 인정받는다는 느낌이 들기 때문이다. 이렇게 인정을 받으면 나쁜 결과가 나올까 봐 걱정하는 마음도 없어지고 자신감도 생긴다. 특히, 아이들은 칭찬으로 공부하는 태도가 달라질 수 있다. 그리고 칭찬은 사람들 사이를 좋아지게 한다. 칭찬을 들으면 상대방에 대해 좋은 감정이 생기기 때문에 서로 친하게 지낼 수 있다.

기본 표현

- 사람들은 누구나 ~
- –다는 느낌이 들다
- –(으)ㄹ까 봐 걱정하다
- 자신감이 생기다
- N으로 N이 달라지다
- N은 N을 좋아지게 하다
- 친하게 지내다

skill
- '긍정적인 영향'이라는 표현을 사용하지 않았지만 그것과 관련된 내용을 자세하게 썼습니다.
- '–(으)ㄹ까 봐 걱정하다', 'N은 –게 하다'와 같은 표현을 적절하게 사용했습니다.

중급

 칭찬은 언제나 사람을 즐겁게 한다. 그래서 공부나 일을 하는 태도에도 긍정적인 영향을 미친다. 사람들은 칭찬을 받고 싶은 마음 때문에 자신이 가진 능력을 최대한 발휘하려고 한다. 이렇게 하는 과정에서 실패에 대한 두려움도 없어지고 자신감도 생긴다. 특히, 아이들의 경우 칭찬 한 마디로 학습 태도가 적극적으로 바뀔 수 있다. 또한 칭찬은 사람들과의 관계를 부드럽게 해 준다. 칭찬은 곧 관심의 표현이므로 서로에게 호감을 느껴 좋은 관계를 유지할 수 있도록 해 준다.

중급 수준 표현

- 칭찬은 N을 즐겁게 하다
- 능력을 발휘하다
- 실패에 대한 두려움이 없어지다
- 특히, 아이들의 경우 ~
- 태도가 적극적으로 바뀌다
- N에게 호감을 느끼다
- 좋은 관계를 유지하다

- ①, ②는 긍정적인 영향에 대한 중심 내용을 구체적으로 잘 설명했습니다.
- 'N은 –게 해 주다', 'N은 –도록 해 주다'와 같은 표현을 정확하게 사용했습니다.

칭찬은 사람들에게 긍정적인 에너지를 주는 동시에 삶의 태도에도 긍정적인 영향을 미친다. 우리는 인정받고 싶은 욕구가 있기 때문에 칭찬을 받으면 기대에 부응하기 위해 더 노력하게 된다. 또한 칭찬은 자신감을 심어줄 뿐만 아니라 자존감도 향상시켜 준다. 특히 아이들의 행동을 긍정적으로 변화시키는 데 큰 영향을 미친다. 아울러 인간관계를 부드럽게 만들어 주기도 한다. 칭찬은 상대방에 대한 관심에서 비롯되므로 친밀감을 유지하고 좋은 인간관계를 형성하는 데 도움이 된다.

고급 수준 표현

- ~는 동시에
- 인정받고 싶은 욕구
- 기대에 부응하다
- 자신감을 심어주다
- 자존감을 향상시키다
- N을 N으로 변화시키다
- N에서 비롯되다
- 인간관계를 형성하다
- ~는 데 도움이 되다

skill 'N은 N을 심어주다, 향상시키다, 변화시키다'와 같이 다양한 표현을 사용했습니다.

라. 연습하기

01. 과제에 맞는 내용이면 ○, 맞지 않는 내용이면 × 하세요.

내용 구성 능력 UP

1) 반려동물은 인간에게 어떤 영향을 미치는가?

① 반려동물과의 교류를 통해 사람들은 정서적으로 안정감을 느낀다.

② 반려동물에 대한 사람들의 적극적인 관심과 보호가 필요하다.

③ 반려동물과 함께 있으면 신체활동을 많이 하게 되어 더 건강해진다.

④ 반려동물 중에서는 고양이보다 개를 선호하는 사람들이 많다.

⑤ 반려동물을 키우다가 버리는 사람들 때문에 유기동물이 많아졌다.

*유기동물: 버려진 동물

2) 자존감은 삶에 어떤 영향을 주는가?

① 자존감을 높이기 위해서는 다른 사람에게 의존하면 안 된다.

② 스스로를 낮게 평가하지 않고 자신의 가치와 능력을 믿게 된다.

③ 자존감이 있으면 다른 사람의 의견보다 자신의 결정을 존중하게 된다.

④ 자존감이 낮은 것은 어렸을 때 가족들의 사랑을 받지 못했기 때문이다.

⑤ 다른 사람과 자신을 비교하기보다 자기만의 개성을 소중하게 생각한다.

*자존감: 스스로 자신을 존중하는 마음

02. 과제 수행 정도에 따라 ○, △, ×로 표시하십시오. (기준 p.24 참고) 내용 구성 능력 UP

1) 경제적 조건은 삶의 만족도에 어떤 영향을 미치는가?

① 경제력은 우리 삶의 필수 조건이다. 따라서 경제적 조건을 갖추기 위한 노력이 필요하다. 먼저 낭비하는 습관을 버려야 한다. 꼭 필요한 것이 아니면 사지 않는 것이 좋다. 다음으로 돈 관리를 잘할 수 있도록 경제에 대해 공부해야 한다. 경제 공부는 어릴 때부터 시작하는 것이 좋기 때문에 부모가 관심을 가지고 도와줘야 한다.

② 경제적 조건이 좋으면 삶의 만족도가 높아질 수 있다. 돈이 많으면 자신이 하고 싶은 것을 할 수 있을 뿐만 아니라 다른 사람을 도와줄 수도 있다. 그러나 돈이 많다고 해서 반드시 삶의 만족도가 높아지는 것은 아니다. 아무리 부자라고 해도 건강 문제, 가족 문제로 어려움을 겪는다면 행복하지 못할 것이다. 돈이 행복을 보장하지는 않는다.

③ 경제적 조건에 따라 삶의 만족도는 달라질 수 있다. 경제적 여유가 있는 사람들은 하고 싶은 것을 할 수 있으므로 삶의 만족도가 높은 편이다. 그러나 돈 때문에 어려움을 겪는 사람들도 많다. 기본적인 의식주 문제조차 해결하기 어려운 사람들도 있다. 따라서 이들에 대한 관심과 지원이 필요하다. 모두가 행복한 사회를 만들어야 한다.

※ 답지에 설명이 있습니다. 확인해 보세요.

03. 다음을 참고하여 제시된 표현으로 문장을 만들어 보십시오. 문장의 정확성 UP

- A/V + N ➡ -(으)ㄴ/는/(으)ㄹ
- + ? ➡ -고, -느라고, -는 데, -(으)면, -아/어도, -지만
- N이다 + N ➡ N인
- N + N ➡ 과/와, 의, (이)나
- ' ' + N(말) ➡ -다는, -라는
- (T) -topic ➡ N은/는
- { } + A/V ➡ -것, -기

1) 칭찬(T) / 언제나 / 사람 / 즐겁게 하다 + ? / 자신감 / 생기도록 해 주다

➡ 칭찬은 언제나 사람을 즐겁게 하고 자신감이 생기도록 해 준다.

2) 실패(T) / 우리 / 힘들게 하다 + ? / 더 성장할 수 있다 + 기회 / 주기도 하다

➡

3) 자신 / 다른 사람 / {비교하다} + 보다 / 나 / 가지다 + 능력 / 소중하게 생각해야 하다

➡

4) 반려식물(T) / 마음 / 편안하게 하다 + ? / 미세 먼지 / 줄여 주다 + 효과 / 있다

➡ ---

5) 아무리 / 의학 기술 / 발달하다 + ? / 스스로 / 건강 / 지키지 않다 + ? / 오래 살 수 없다

➡ ---

6) 예술 교육(T) / 아이들의 정서 발달 + 창의성 개발 / 긍정적이다 + 영향 / 미치다

➡ ---

7) 열등감 / 심하다 + ? / 다른 사람들 / 원만하다 + 관계 / {유지하다} + 어렵다

➡ ---

8) 자기 개발 / 하다 + ? / 삶의 질 / 높이다 + ? / 도움이 되다

➡ ---

9) 외모 / 중시하다 + 사람들 + 경우 / 외모 / 가꾸다 + ? / 돈 + 시간 / 낭비하게 되다

➡ ---

10) '스트레스는 모든 병의 근원이다' + 말처럼 / 스트레스 / 풀지 못하다 + ? / 병 / 생기다

➡ ---

- 다른 사람과 비교하다
- 미세먼지를 줄여 주다
- 의학기술이 발달하다
- 열등감이 심하다
- 원만한 관계를 유지하다
- 삶의 질을 높이다
- 외모를 중시하다

04. 알맞은 순서로 배열해 보십시오. ※ ⬚ ➡ 중심 서술어 (A, V, N이다) 문장 구성 능력 UP

1) 할 수 있을 뿐만 아니라, 돈이 많으면, 다른 사람을, 도와줄 수도 있다, 원하는 것을

➡ 돈이 많으면 원하는 것을 할 수 있을 뿐만 아니라 다른 사람을 도와줄 수도 있다.

2) 외모가, 선망하게 된다, 청소년들의 경우, 대중매체의, 사람을, 영향으로, 뛰어난

➡

3) 긍정적으로, 큰 영향을, 변화시키는 데, 아이들의, 칭찬은, 행동을, 미친다

➡

4) 도움이 된다, 균형 있는, 정신의, 성장에, 신체와, 아이들의, 체육 교육은

➡

5) 향상시켰다, 생활을, 우리의, 편리하게 하고, 과학기술의 발달은, 생산성을

➡

05. 제시된 표현을 이용해 문장을 완성하십시오. 문장 구성 능력 UP

1) 지식 교육보다 인성 교육이 청소년들에게 _더 큰 영향을 미친다고 생각한다_ .
　　　　　　　　　　　　　　　　　더 큰 영향 / 미치다 / 생각하다

2) 예술 교육을 통해 _____ 배우게 된다.
　　　　　　　자신의 감정과 느낌 / 어떻게 표현하다

3) 조사 결과에 따르면 사람들은 _____ 나타났다.
　　　　　　　　외모가 뛰어난 사람 / 더 친절하게 행동하다

4) _____ 삶의 만족도가 높아지는 것은 아니다.
　　　경제적 여유 / 있다

5) _____ 결과가 달라질 수 있다.
　　　　어떤 태도 / 일을 하다

6) 외모를 지나치게 중시하면 _____ .
　　　　　　　내면의 아름다움 / 가꾸다 / 소홀해질 수 있다

※ 답지에 설명이 있습니다. 확인해 보세요.

06. 제시된 표현을 이용해 문장을 길게 만들어 보십시오. 표현력 UP

1) 사회관계망서비스(SNS)　　　　　　　－도록　　　　　　　　－아/어 준다

▶ SNS는 정보와 의견을 공유할 수 있도록 해 준다.

▶

2) 대화는　　　　　　　　－는 데 도움이 된다

▶

▶

3) 여행의 긍정적인 효과는　　　　　　　－다는 것이다

▶

▶

4) 음악을 들으면　　　　　　　－는 효과를 얻을 수 있다

▶

▶

5) 날씨나 환경은　　　　　　　N에　　　　　　　영향을 미친다

▶

▶

07. 문장에 어울리는 중·고급 표현을 골라 써 보십시오.

표현 수준 UP

• 정화하다	• 비롯되다	• 지속적이다	• 예방하다	• 부정적이다
• 극복하다	• 해소하다	• 부딪히다	• 형성하다	• 차단하다

1) 불규칙한 생활과 편식을 계속 하면 건강이 나빠진다.

➡ <u>지속적인</u> 편식과 불규칙한 생활은 건강에 <u>부정적인</u> 영향을 준다.

2) 다양한 색깔의 음식들은 스트레스를 풀어 주고 질병이 생기지 않도록 해 준다.

➡ 다양한 색깔의 음식들은 스트레스를 ＿＿＿＿＿＿ 질병을 ＿＿＿＿＿＿＿＿＿ .

3) 공감 능력은 사람을 이해하는 것에서 시작되기 때문에 좋은 인간관계를 만들 수 있다.

➡ 공감 능력은 사람에 대한 이해에서 ＿＿＿＿＿ 좋은 관계를 ＿＿＿＿＿ 도움이 된다.

4) 도시의 가로수는 공기를 깨끗하게 해 주고 시끄러운 소리를 막아 줘서 좋다.

➡ 도시의 가로수는 공기를 ＿＿＿＿＿＿ 소음을 ＿＿＿＿＿ 효과가 있다.

5) 동기가 있으면 어려운 문제가 생기더라도 쉽게 포기하지 않고 계속할 수 있다.

➡ 동기가 있으면 어려움에 ＿＿＿＿＿ 더 쉽게 어려움을 ＿＿＿＿＿＿＿＿ .

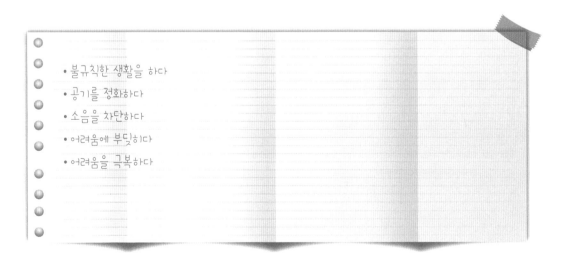

마. 써 보기

01. 제시된 내용으로 '영향 및 효과' 과제에 대해 써 보십시오.
쓰기 실력 UP

과제 1) 예술 교육의 긍정적인 효과는 무엇인가?
- 풍부한 감정을 느끼도록 해 준다
- 표현력과 창의성을 길러 준다

　예술 교육은 특히 아이들의 정서 발달에 긍정적인 영향을 미친다. 음악이나 그림, 연극 등 다양한 분야에서의 예술 교육은 자신이 미처 알지 못했던 풍부한 감정들을 느끼게 해 준다.

과제 2) 스트레스가 우리 삶에 미치는 부정적인 영향은 무엇인가?
- 건강이 나빠진다
- 심리적으로 불안해진다

과제 3) 외모를 지나치게 중시하는 것이 우리 사회에 미치는 영향은 무엇인가?
-
-

❹ 원인 쓰기

가. 준비하기

▶ 여러분은 이것의 원인에 대해 생각해 본 적이 있습니까?

도시 인구 집중   노인들이 겪는 어려움   농촌 인구 감소

의사소통이 안 되는   협력이 잘 안 되는   물 부족

지구 온난화   ?   원인   남녀 성 역할에 대한 고정관념

일과 삶의 균형이 어려운   고령 인구 증가   에너지 사용 증가

청소년들의 스마트폰 중독   ?   공감 능력 부족   공동체 의식 부족

▶ '원인' 관련 과제에 대해서는 어떤 내용을 써야 할까요?

- 그것이 왜 안 되는지, 사회적으로 왜 그런 문제점이 나타나는지 한번 생각해 보세요. 그런데 개인적인 이유보다는 대부분의 사람들이 공감할 수 있는 이유를 찾아 봐야 합니다.

- 원인은 두 가지 정도를 쓰는 것이 좋습니다. 만약 한 가지만 쓸 경우에는 구체적인 예시나 근거를 바탕으로 자세하게 쓰는 것이 좋습니다.

▶ 어떤 표현을 쓰는 것이 좋을까요?

- –는 이유는 –기 때문이다   예 도시에 사람이 모이는 이유는 일자리가 많기 때문이다.
- –기 때문에 –기(가) 어렵다   예 그 문제는 너무 복잡하기 때문에 해결하기가 어렵다.
- –는 것은 N을 –게 하다   예 남의 말을 잘 듣지 않는 것은 의사소통을 어렵게 한다.
- –다. 왜냐하면 –기 때문이다   예 공기가 더 나빠졌다. 왜냐하면 환경오염이 심해졌기 때문이다.
- –(으)ㅁ으로써 –아/어지다[게 되다]   예 의학 기술이 발달함으로써 수명이 길어졌다.

나. 문제 유형 확인하기

01. 중요성 ⟶ 이유 ⟶ 방법

우리는 살면서 서로의 생각이 달라 갈등을 겪는 경우가 많다. 이러한 갈등은 의사소통이 부족해서 생기는 경우가 대부분이다. 의사소통은 서로의 관계를 유지하고 발전시키는 데 중요한 요인이 된다. '의사소통의 중요성과 방법'에 대해 아래의 내용을 중심으로 자신의 생각을 쓰라.

- 의사소통은 왜 중요한가? 과제 1
∨ - 의사소통이 잘 이루어지지 않는 이유는 무엇인가? 과제 2
- 의사소통을 원활하게 하는 방법은 무엇인가? 과제 3

〈TOPIK 52회 기출〉

02. 원인 ⟶ 문제점 ⟶ 방안

대부분의 사회에서 65세 이상 노인 인구의 비중이 갈수록 높아지고 있다. 이렇듯 노인 인구가 많아짐으로써 노인들이 겪는 어려움이 사회적인 문제로 나타나기도 한다. 아래의 내용을 중심으로 '노인 인구의 증가 원인과 문제점'에 대한 자신의 생각을 쓰라.

∨ - 노인 인구의 비중이 높아지는 원인은 무엇인가? 과제 1
- 노인 인구가 많아짐으로써 생기는 문제점은 무엇인가? 과제 2
- 이러한 문제를 해결하기 위해서는 어떻게 해야 하는가? 과제 3

💬 과제 제시 표현

원인 이유	• N의 원인은 무엇인가? • N이/가 어렵다면 그 이유는 무엇인가? • N이/가 잘 이루어지지 않는 이유는 무엇인가? • N이/가 증가하는[감소하는] 원인은 무엇인가? • N을/를 실천하기 어려운 이유는 무엇인가? • 이러한 문제가 발생하는 사회적인 원인은 무엇인가?

다. 수준별 예시 보기

과제 **의사소통이 잘 이루어지지 않는 이유는 무엇인가?**

기본

의사소통이 잘 이루어지지 않는 이유는 무엇일까? 가장 큰 이유는 다른 사람의 말을 잘 듣지 않기 때문이다. 대화를 할 때 상대방의 말을 들으면서 휴대전화를 보거나 다른 생각을 하는 사람들이 있다. 이렇게 상대방의 말에 집중하지 않으면 의사소통이 잘 안 된다. 그리고 상대방을 이해하려는 마음보다 자신의 의견만 주장하는 경우도 있다. 자신이 하고 싶은 말만 하는 것도 소통이 잘 이루어지지 않는 이유 중의 하나이다.

기본 표현

- N이 잘 이루어지지 않다
- 이유는 −기 때문이다
- N에 집중하지 않다
- ~(으)려는 마음보다 자신의 의견을 주장하다
- ~는 것도 ~는 이유 중의 하나이다

skill
- 먼저 이 단락에서 쓸 내용을 분명하게 보여주고 대표적인 이유를 설명했습니다.
- '이렇게 −(으)면'을 써서 내용을 다시 한번 정리했습니다.

중급

 의사소통이 잘 이루어지지 않는 가장 큰 이유는 상대방의 말을 잘 듣지 않기 때문이다. 대화는 의사소통을 위해 반드시 필요하지만 대화를 한다고 해서 의사소통이 잘 이루어지는 것은 아니다. 상대방의 말을 집중해서 듣지 않았을 때 우리는 대화의 목적이나 내용을 이해하지 못한다. 또한 처음부터 편견을 가지고 있거나 자신의 입장만 고집하는 사람과는 의사소통이 잘 안 된다. 열린 마음으로 상대방의 입장을 이해하려는 노력이 없다면 오해와 갈등만 쌓이게 된다.

중급 수준 표현

- N을 위해 반드시 필요하다
- ~다고 해서 ~것은 아니다
- 편견을 가지다
- 자신의 입장만 고집하다
- 열린 마음으로
- −(으)려는 노력이 없다면
- 오해와 갈등이 쌓이다

skill
- ①, ②는 이유를 설명하면서 그렇지 않았을 때 어떤 결과가 나타나는지 설명하고 있습니다.
- '−다고 해서 −는 것은 아니다', '−다면 −게 되다'와 같은 표현을 사용해서 수준을 올렸습니다.

의사소통을 위해 필수적으로 요구되는 것이 대화이다. 그러나 대화를 할 때는 상대방의 말을 경청하는 자세가 중요하다. 그런 자세가 전제되지 않으면 의사소통이 제대로 이루어지지 않는다. 대화에 집중하고 적절하게 반응하는 것은 의사소통을 원활하게 하는 데 아주 중요하기 때문이다. 또한 편견이나 고정관념에 사로잡혀 자신의 입장만 강요하는 태도도 의사소통을 어렵게 한다. 마음을 열고 먼저 상대방의 입장을 이해하려고 노력하지 않으면 대화가 단절될 수 있다.

고급 수준 표현

- 필수적으로 요구되다
- 상대방의 말을 경청하다
- N이 전제되지 않으면
- 적절하게 반응하다
- N을 원활하게 하다
- 고정관념에 사로잡히다
- 자신의 입장만 강요하다
- 의사소통을 어렵게 하다
- 대화가 단절되다

 '필수적으로 요구되다, 경청하다, 전제되다, 원활하게 하다' 등의 고급 표현을 사용하여 글의 수준을 높였습니다.

라. 연습하기

01. 과제에 맞는 내용이면 ○, 맞지 않는 내용이면 × 하세요.   `내용 구성 능력 UP`

1) 남녀 성 역할에 대한 고정관념이 생기는 이유는 무엇인가?

① 남녀 차이를 강조하는 문화가 있으면 고정관념이 생기기 쉽다.

② 어릴 때부터 주변에서 성 역할에 대한 이야기를 많이 듣기 때문이다.

③ 어릴 때부터 교육을 통해 고정관념이 생기지 않도록 하는 것이 좋다.

④ 남녀 성 역할에 대한 고정관념을 가지고 있으면 사람들과 어울리기 어렵다.

⑤ TV나 영화 등에 나오는 남녀의 모습으로 인해 고정관념을 가지게 된다.

*남녀 성 역할에 대한 고정관념: 남자와 여자가 하는 일이 따로 정해져 있다는 생각

2) 노인들이 생활에 어려움을 겪는 이유는 무엇인가?

① 노인 일자리가 부족하므로 지금보다 더 늘려야 한다.

② 주변에 가족들이 없는 경우가 많아서 외로움을 느낀다.

③ 노인들은 빠르게 변하는 사회에 적응하기가 쉽지 않다.

④ 혼자 있는 노인들을 돌봐 주는 로봇을 활용하면 문제가 해결된다.

⑤ 나이 때문에 경제적인 활동을 하지 못해서 생활비가 부족하다.

02. 과제 수행 정도에 따라 ○, △, ×로 표시하십시오. (기준 p.24 참고) 내용 구성 능력 UP

1) 일과 삶의 균형을 유지하기 어려운 이유는 무엇인가?

① 일과 삶의 균형이 중요하다고 생각하는 사람은 많지만 실천하기는 쉽지 않다. 그 이유는 무엇일까? 우선 시간이 부족하기 때문이다. 현대 사회는 빠르게 변하고 있고 업무도 점점 복잡해져서 새롭게 배워야 할 것도 많다. 그래서 여가 시간을 즐길 여유가 많지 않다. 또한 일하는 시간을 줄이면 수입도 줄어든다. 경제적 부담도 큰 이유 중의 하나이다.

② 일과 삶의 균형을 유지하는 것은 어렵다. 그래서 사람들은 둘 중 하나를 포기한다. 일을 통해 목표를 이루고 싶어 하는 사람들은 어쩔 수 없이 개인적인 행복을 희생한다. 그러나 일보다 삶의 여유와 행복을 중요하게 생각하는 사람들은 최소한의 일만 하고 나머지 시간은 자신이 좋아하는 것에 투자한다. 어느 쪽이 더 나을까?

③ 일과 삶의 균형을 유지하는 것은 생각보다 쉽지 않다. 일하면서 느끼는 보람도 중요하고 생활 속에서 느끼는 행복도 중요하기 때문이다. 그러나 행복한 미래를 위해 지금 하고 싶은 것을 참으면서 열심히 일하는 사람들이 있다. 반면에 '소확행'을 꿈꾸는 사람들도 많다. 소확행이란 소소하지만 확실한 행복, 즉 지금 이 순간 내가 느끼는 작은 행복에 만족하면서 지내는 것을 말한다.

※ 답지에 설명이 있습니다. 확인해 보세요.

03. 다음을 참고하여 제시된 표현으로 문장을 만들어 보십시오. 문장의 정확성 UP

> • A/V + N ➡ -(으)ㄴ/는/(으)ㄹ
> • ' ' + V(생각하다) ➡ -다고, -라고
> • { } + A/V ➡ -것, -기
> • + ? ➡ -고, -느라(고), N이므로, -면서, -(으)면
> • N + N ➡ 의, 과/와, (이)나
> • (T) -topic ➡ N은/는

1) 대화 / 하다 + 때 / 상대방 + 말 / 집중하지 않다 + ? / 의사소통 / 잘 안 되다

➤ 대화를 할 때 상대방의 말에 집중하지 않으면 의사소통이 잘 안 된다.

2) 청소년들(T) / 공부하다 + ? / 다른 여가 활동 / 하다 + 시간 / 많지 않다

➤

3) 대중 매체 + 통해 / 편견 + 고정관념 / 가지게 되다 + 경우 / 있다

➤

4) 다른 사람들 / 인정 / 받고 싶은 이유(T) / 만족감 + 행복 / {느끼고 싶다} + 때문이다

→ --

5) 혼자 / 살다 + 노인들(T) / 가족들 / 곁 / {없다} + 때문에 / 외로움 / 많이 / 느끼다

→ --

6) 현대 사회 / 일과 삶 + 균형 / {유지하다} (T) / 생각보다 / 쉽지 않다

→ --

7) 협력 / 안 되다 + 이유(T) / 다른 사람 + 입장 / {배려하지 않다} + 때문이다

→ --

8) 젊다 + 사람들 / 농촌 / 떠나다 + 이유(T) / 생활 / 불편하다 + ? / 일자리 / {없다} + 때문이다

→ --

9) 결혼(T) / 선택이다 + ? / '하지 않아도 된다' + 생각하다 + 사람들 / 늘어나고 있다

→ --

10) 사람들 + 이동 거리 / 늘어나다 + ? / 질병 + 확산 속도 / 빨라지고 있다

→ --

- 상대방의 말에 집중하다
- 의사소통이 잘 안 되다
- 일과 삶의 균형을 유지하다
- 다른 사람의 입장을 배려하다
- 이동 거리가 늘어나다
- 확산 속도가 빨라지다

04. 알맞은 순서로 배열해 보십시오. ※ ☐ ➡ 중심 서술어 (A, V, N이다) `문장 구성 능력 UP`

1) 없는데다가, 어려움을, 돈이, 건강까지, 겪고 있다, 좋지 않아서

➡ 돈이 없는데다가 건강까지 좋지 않아서 어려움을 겪고 있다.

2) 약속을, 이유는, 신뢰를, 지키지 않기 때문이다, 인간관계에서, 잃게 되는

➡

3) 습관적으로, 중독되기 쉽다, 피곤할 때마다, 단맛에, 찾는 사람들은, 단 것을

➡

4) 이해하게 된다, 책을, 사람들의, 감정을, 읽음으로써, 다양한 생각과

➡

5) 일자리와, 더 좋은, 기회를, 대도시로, 찾아서, 사람들은, 이동한다

➡

05. 제시된 표현을 이용해 문장을 완성하십시오. `문장 구성 능력 UP`

1) 재택 근무를 원하는 사람이 늘고 있다. 왜냐하면 _____.

출퇴근 시간 / 아낄 수 있다

2) '소확행'이란 생활 속에서 느끼는 _____.

작다 / 행복

3) 자전거가 좋은 이유는 교통비를 절약할 수 있고 _____.

건강 / 좋다

4) 집중력이 떨어지는 이유가 _____ 조사 결과가 나왔다.

스마트폰 때문이다

5) _____ 소통이 잘 이루어지는 것은 아니다.

대화 / 오래 하다

6) 노인들을 힘들게 하는 것은 주변 사람들의 _____.

무관심 / 외로움

※ 답지에 설명이 있습니다. 확인해 보세요.

06. 제시된 표현을 이용해 문장을 길게 만들어 보십시오. 표현력 UP

1) 갈등이 생기는 이유는 　　　　　　　-기 때문이다

→ 갈등이 생기는 이유는 성격이나 사고방식이 다르기 때문이다.

→

2) 사람들은 　　　　　-기 때문에 　　　　　외로움을 느낀다

→

→

3) 현대인들은 　　　　　-기 때문에 　　　　　-기가 어렵다[쉽다]

→

→

4) 대화를 할 때 　　　　-거나 　　　　-(으)면 　　　　소통이 잘 안 된다

→

→

5) 사람들은 　　　　좋아한다[싫어한다] 　　　　왜냐하면 　　　　-기 때문이다

→

→

07. 문장에 어울리는 중·고급 표현을 골라 써 보십시오.

> • 불편하게 하다　• 겪다　　　• 끊임없이　　• 요구되다　　• 부담이 크다
> • 끌다　　　　　• 필수적으로　• 어렵게 하다　• 즐기다　　• 경제활동을 하다

1) 의사소통을 위해 반드시 필요한 것이 대화이다.

→ 의사소통을 위해 　*필수적으로*　 　*요구되는 것이*　 대화이다.

2) 자신의 의견만 주장하면 다른 사람이 불편해지고 대화가 잘 안 된다.

→ 자신의 의견만 주장하는 것은 다른 사람을 ＿＿＿＿＿＿ 대화를 ＿＿＿＿＿＿ .

3) 노인들은 나이가 들면 돈을 벌지 못해서 생활을 제대로 하기 어렵다.

→ 노인들은 나이가 들면 ＿＿＿＿＿＿ 생활에 어려움을 ＿＿＿＿＿＿ .

4) 청소년들이 관심을 가지는 콘텐츠가 계속 나오고 있다.

→ 청소년들의 관심을 ＿＿＿＿＿＿ 콘텐츠가 ＿＿＿＿＿＿ 개발되고 있다.

5) 다양한 여가 활동을 할 수 없는 이유는 돈이 많이 들기 때문이다.

→ 다양한 여가 활동을 ＿＿＿＿＿＿ 경제적인 ＿＿＿＿＿＿ .

- *필수적으로 요구되다*
- *생활에 어려움을 겪다*
- *관심을 가지다 / 관심을 끌다*
- *끊임없이 개발되다*
- *여가 활동을 즐기다*
- *경제적인 부담이 크다*

마. 써 보기

01. 제시된 내용으로 '원인' 과제에 대해 써 보십시오.

쓰기 실력 UP

> 과제 1)
> **같이 일을 할 때 협력이 잘 안 되는 이유는 무엇인가?**
> • 자신의 입장만 생각한다   • 다름을 인정하지 않는다

　　같이 일을 할 때 협력이 잘 안 되는 이유는 다른 사람의 입장을 배려하지 않기 때문이다. 내가 도와줘야 한다고 생각하기보다 상대방이 당연히 나를 도와줄 거라고 생각할 때 문제가 생기기 시작한다.

> 과제 2)
> **사람들이 농촌을 떠나는 이유는 무엇인가?**
> • 일자리가 없다   • 생활에 필요한 편의 시설이 부족하다

> 과제 3)
> **청소년들이 스마트폰에 중독되는 이유는 무엇인가?**
> • 　　　　　　　　　　　　　　　　　　•

❺ 방안 및 방향 쓰기

가. 준비하기

▶ 여러분은 이것의 방안 및 방향에 대해 생각해 본 적이 있습니까?

유기동물 증가 문제   세대 간 갈등 문제   바람직한 도시 개발

빈곤 문제   바람직한 다문화 사회

편견으로 인한 문제   **? 방안 및 방향   ?**

바람직한 개인주의

육류 소비 증가 문제   다수결 원칙의 문제   기부활성화

대도시 인구 집중 문제   에너지 사용 문제   **청소년 지원   환경 보호 실천**

▶ '방안 및 방향' 관련 과제에 대해서는 어떤 내용을 써야 할까요?

- 그 문제를 해결하기 위해서 어떻게 해야 할지 생각해 보세요. 그리고 어떤 방향으로 가는 것이 바람직한지 잘 생각해 보고 나서 쓰세요.

- 해결 방안에 대해 쓸 때는 그냥 '~기 위해서 노력해야 한다'로 쓰지 말고 구체적인 방법을 써야 합니다. 예를 들면 '에너지를 절약하기 위해 노력해야 한다.'가 아니라 '냉난방 이용을 줄이고 자동차 대신 자전거를 이용하도록 해야 한다.'로 쓰는 것이 좋습니다.

▶ 어떤 표현을 쓰는 것이 좋을까요?

- −기 위해서 [−(으)려면] −아/어야 하다   예 목표를 이루기 위해서는 계획을 잘 세워야 한다.
- −는 방법은 −는 것이다   예 쓰레기를 줄이는 방법은 물건을 재활용하는 것이다.
- −기 위해서 −지 않으면 안 된다   예 환경을 보호하기 위해 노력하지 않으면 안 된다.
- −는 것이 필요하다[중요하다]   예 대화를 잘 하려면 먼저 잘 듣는 것이 필요하다.
- −아/어야 −(으)ㄹ 수 있다   예 정부의 지원이 있어야 문제를 해결할 수 있다.
- N을 통해서 −(으)ㄹ 수 있다   예 취미활동을 통해서 게임 중독을 예방할 수 있다.
- −(으)ㄹ 수 있도록 −는 것이 좋다   예 아이들이 공부에 집중할 수 있도록 도와주는 것이 좋다.

나. 문제 유형 확인하기

01. 원인 ⟶ 문제점 ⟶ 방안

현대 사회는 기술적으로나 경제적으로 발전하고 있지만 해결하지 못한 문제들도 많다. 그 중의 하나가 빈곤 문제이다. 각 나라와 국제기구, 비정부기구(NGO)에서도 이 문제를 해결하기 위해 노력하고 있지만 아직도 가난 때문에 어려움을 겪는 사람들이 많다. 아래의 내용을 중심으로 '빈곤 문제의 원인과 해결 방법'에 대한 자신의 생각을 쓰라.

- 빈곤 문제의 원인은 무엇인가? **과제 1**
- 빈곤으로 인해 발생하는 문제점은 무엇인가? **과제 2**
- ∨ 빈곤 문제를 해결할 수 있는 방안은 무엇인가? **과제 3**

02. 긍정적 측면 ⟶ 부정적 측면 ⟶ 방향

현대 사회가 복잡해지고 정보화 사회가 되면서 개인주의 문화가 더욱 확산되고 있다. 개인주의는 개인의 자유와 권리를 중시하는 긍정적인 측면이 있는 반면 자신의 이익만을 추구하는 이기주의로 변할 수도 있다. 아래의 내용을 중심으로 '개인주의의 양면성과 바람직한 방향'에 대한 자신의 생각을 쓰라.

- 개인주의의 긍정적인 측면은 무엇인가? **과제 1**
- 개인주의의 부정적인 측면은 무엇인가? **과제 2**
- ∨ 개인주의로 인한 문제를 줄일 수 있는 바람직한 방향은 무엇인가? **과제 3**

💬 과제 제시 표현

방안 및 방향	• N을/를 해결할 수 있는 방안은 무엇인가? • 이러한 문제를 해결할 수 있는 바람직한 방향은 무엇인가? • 앞으로 N이/가 나아가야 할 바람직한 방향은 무엇인가? • 이러한 문제를 해결하기 위해 어떤 노력을 해야 하는가? • 이러한 문제를 줄이기 위해 어떻게 해야 하는가? • N의 문제점을 최소화하기 위해 어떻게 해야 하는가?

다. 수준별 예시 보기

과제 빈곤 문제를 해결할 수 있는 방안은 무엇인가?

기본

  빈곤 문제를 해결하기 위해서는 두 가지가 필요하다. 첫째, 교육이 필요하다. 가난하게 살지 않기 위해서는 배워야 한다. 아이들이 학교에 다닐 수 있어야 하고 어른들은 직업에 필요한 기술을 배울 수 있어야 한다. 둘째, 정부에서 도와줘야 한다. 예를 들어 돈 때문에 병원에 가지 못하거나 아이를 키우기 힘든 사람들에게는 병원비와 교육비를 줘야 한다. 그래서 꼭 필요한 생활비에 대해서 걱정하지 않고 지낼 수 있도록 해야 한다.

> **기본 표현**
>
> • 첫째, ~ 둘째, ~
> • 기 위해서는 −아/어야 하다
> • 예를 들어~
> • 정부에서 도와주다
> • N에게 N을 줘야 하다
> • 아이를 키우기 힘들다
> • N에 대해서 걱정하다
> • −도록 해야 하다

skill
• ①, ②에서 과제에 대한 내용을 분명하게 제시하고 있습니다.
• 전체적으로 중심 문장을 먼저 제시하고 나서 예를 들어 설명하거나 더 자세하게 보충 설명을 하고 있습니다.

중급

  빈곤 문제를 해결하기 위한 방안으로 두 가지가 필요하다. 첫째, 교육의 기회를 제공해야 한다. 아동의 경우 학교 교육을, 성인의 경우 생계유지에 필요한 직업교육을 받을 수 있도록 해야 한다. 둘째, 정부의 적극적인 지원이 필요하다. 예를 들어 질병이 있어도 경제적인 이유로 치료를 받지 못하는 사람들과 아이를 제대로 보살피기 힘든 사람들에게는 정부 차원에서 치료비와 양육비를 지원해야 한다. 이러한 지원이 제도적으로 이루어져야 가난에서 벗어나 안정된 생활을 할 수 있을 것이다.

> **중급 수준 표현**
>
> • N의 기회를 제공하다
> • 생계유지에 필요하다
> • 적극적인 지원이 필요하다
> • 경제적인 이유로~
> • 제도적으로 이루어지다
> • 가난에서 벗어나다
> • 안정된 생활을 하다
> • −아/어야 −(으)ㄹ 수 있다

skill
• ①에서는 해결 방법을 제시하면서 보충 설명을 했고 ②에서는 예를 들어 자세하게 설명했습니다.
• '기회를 주다 → 기회를 제공하다', '많은 도움이 필요하다 → 적극적인 지원이 필요하다'처럼 중급 수준의 표현을 적극적으로 활용하고 있습니다.

고급

　빈곤 문제를 해결하기 위해서는 두 가지 측면의 노력이 필요하다. 먼저 개인적인 측면에서는 경제적으로 자립할 수 있는 능력을 키우는 것이 중요한데 이때 이들의 의지를 뒷받침할 수 있는 경제 교육과 직업 훈련의 기회를 제공해야 한다. 다음으로 사회적으로는 정부의 적극적인 지원 정책이 필요하다. 예를 들어 건강을 유지하는 데 필수적인 보건 의료 서비스와 아이를 위한 양육비 지원 등이 제도적으로 이루어져야 한다. 이러한 지원이 있어야 비로소 빈곤의 악순환에서 벗어나 일상의 행복을 누릴 수 있을 것이다.

> **고급 수준 표현**
>
> • 개인적인 측면에서는 ~
> • 경제적으로 자립하다
> • 능력을 키우다
> • 의지를 뒷받침하다
> • 사회적으로는 ~
> • 제도적으로 이루어지다
> • 이러한 지원이 있어야~
> • 악순환에서 벗어나다
> • 일상의 행복을 누리다

skill '개인적인 측면'과 '사회적인 측면'으로 나누어 글이 객관적으로 보일 수 있도록 했습니다. 그리고 고급 수준의 표현을 다양하고 풍부하게 사용했습니다.

라. 연습하기

01. 과제에 맞는 내용이면 ○, 맞지 않는 내용이면 × 하세요.　　　`내용 구성 능력 UP`

1) 육류 소비 증가로 인한 문제점을 해결할 수 있는 방안은 무엇인가?

① 육류 소비 증가로 발생하는 문제점을 많은 사람들에게 알려야 한다.

② 고기의 맛과 영양을 대신할 수 있는 식품을 개발하지 않으면 안 된다.

③ 세계에서 가장 소비가 많은 육류는 닭고기, 돼지고기, 소고기이다.

④ 육류 소비를 줄이기 위해 채식주의자들에게 더 많은 혜택을 줘야 한다.

⑤ 자신이 먹는 고기 소비량이 평균보다 적다면 고기를 더 먹어도 된다.

*채식주의자: 고기를 먹지 않고 채소만 먹는 사람

2) 도시를 개발하기 위한 바람직한 방향은 무엇인가?

① 도시의 자연 환경을 최대한 보존하면서 개발을 하는 것이 좋다.

② 도시를 개발하면 자연 환경이 파괴되고 주거 환경도 나빠진다.

③ 공공시설을 많이 만들어서 시민들이 많이 이용할 수 있도록 해야 한다.

④ 새 건물을 짓는 것보다 오래된 건물을 재활용하는 것이 좋다.

⑤ 도시에 사는 인구를 줄이면 도시를 개발할 필요가 없어질 것이다.

02. 과제 수행 정도에 따라 ○, △, ×로 표시하십시오. (기준 p.24 참고) `내용 구성 능력 UP`

1) 세대 차이로 인한 갈등을 줄일 수 있는 방법은 무엇인가?

① 세대 차이로 인한 갈등을 줄이는 방법은 소통하고 교류하는 것이다. 기성세대와 젊은 세대는 서로에 대해 잘 안다고 생각하지만 의외로 편견을 가지고 있는 경우가 많다. 편견을 없애기 위해서는 서로 교류하고 대화할 수 있는 기회를 만들어야 한다. 바쁘더라도 두 세대가 어울릴 수 있는 정기적인 모임을 만드는 것도 좋은 방법이다.

② 그렇다면 갈등을 줄일 수 있는 방법은 무엇일까? 세대 차이로 인한 갈등은 옛날이나 지금이나 다르지 않다. 기성세대들은 젊은 사람들이 자기중심적이고 이기적이라고 생각한다. 반면에 젊은 사람들은 기성세대가 세상의 변화를 받아들이지 못하고 옛날 것만 고집하는 답답한 사람이라고 생각한다. 이러한 생각들이 갈등을 일으킨다.

③ 세대 차이로 인한 갈등은 어떻게 해결하는 것이 좋을까? 갈등은 갑자기 생기는 것이 아니라 서로에 대한 불만이 조금씩 쌓여서 나타난다. 그리고 이 불만은 사실 아주 작은 것에서 시작된다. 평소에 기성세대와 젊은 세대가 서로 갈등을 일으키지 않도록 해야 한다. 서로 이해하고 노력해야 한다.

※ 답지에 설명이 있습니다. 확인해 보세요.

03. 다음을 참고하여 제시된 표현으로 문장을 만들어 보십시오. `문장의 정확성 UP`

- A/V + N ➡ −(으)ㄴ/는/(으)ㄹ
- N이다 + N ➡ N인
- N + N ➡ 과/와, 의, (이)나
- + ? ➡ −도록, −(으)려면, −(으)ㄴ/는지, −고, −(으)면
- { } + A/V ➡ −것, −기
- (T) −topic ➡ N은/는

1) 학교 / 다니지 못하다 + 사람들 / 교육 + 기회 / 제공해야 하다

➡ 학교에 다니지 못하는 사람들에게 교육의 기회를 제공해야 한다.

2) 효율적이다 + 독서 / {하다} + 위해서는 / 독서 + 목적 / 분명해야 하다

➡

3) 다양하다 + 문화 / 체험할 수 있다 + ? / 문화 교류 프로그램 / {마련하다} + 좋다

➡

4) 농촌 인구 / 늘리다 + ? / 먼저 / 생활환경 / 개선하다 + 필요 / 있다

→ ....

5) 문제점 / {최소화하다} + 위해서는 / 그 문제 / 대하다 + 정확하다 + 분석 / 필요하다

→ ....

6) 원하다 + 직업 / {얻다} + 위해서는 / 어떤 조건 / 필요하다 + ? / 알아야 하다

→ ....

7) 평소 / 물건 / 아껴 쓰다 + ? / 자전거 / 이용하다 + ? / 환경오염 / 줄일 수 있다

→ ....

8) 기부 / {활성화하다} + 위해서 / 정부 / 기부 교육 / 확대하지 않으면 안 되다

→ ....

9) 제도적이다 + 지원(T) / 경제적으로 / 어렵다 + 사람들 / 살아갈 수 있다 + ? / 해 주다

→ ....

10) 상대방 / 배려하다 + 마음 / 가지다 + ? / 말을 하다 + 자세 / 필요하다

→ ....

- 기회를 제공하다
- 프로그램을 마련하다
- 생활 환경을 개선하다
- 문제점을 최소화하다
- 환경오염을 줄이다
- 기부를 활성화하다
- 상대방을 배려하다

04. 알맞은 순서로 배열해 보십시오. ※ ☐ ➡ 중심 서술어 (A, V, N이다) 문장 구성 능력 UP

1) 있어야,   스스로,   성공할 수 있다,   해결하려는,   문제를,   의지가

➡ 스스로 문제를 해결하려는 의지가 있어야 성공할 수 있다.

2) 자연환경을,   만들 수 있다,   도시를,   보존하면서,   살기 좋은,   개발해야

➡

3) 존중하는,   가져야 한다,   잘 받아들이려면,   그 사람을,   조언을,   마음을

➡

4) 대화가,   젊은 세대의,   줄이기 위해서는,   기성세대와,   갈등을,   필요하다

➡

5) 다수결 원칙의,   의견도,   보완할 수 있다,   존중해야,   문제점을,   소수의

➡

*다수결 원칙: 더 많은 사람이 찬성하는 쪽으로 결정하는 규칙

05. 제시된 표현을 이용해 문장을 완성하십시오. 문장 구성 능력 UP

1) 환경오염을 줄이는 방법은 생활 속에서 _____ .
에너지 / 절약하다

2) 경쟁력을 갖출 수 있도록 _____ 좋다.
전문 지식 / 쌓다

3) 마음을 열고 상대방의 이야기를 들어야 _____ .
편견과 오해 / 없애다

4) 정부에서 부작용을 줄일 수 있는 _____ 필요가 있다.
대책 / 마련하다

5) _____ 다양한 경험을 많이 해 봐야 한다.
공감 능력 / 기르다

6) 게임 중독 문제를 해결하기 위해서는 _____ 안 된다.
전문가의 도움 / 받지 않다

※ 답지에 설명이 있습니다. 확인해 보세요.

06. 제시된 표현을 이용해 문장을 길게 만들어 보십시오.

표현력 UP

1) 갈등을 해결하기 위해서는   –아/어야 한다 [–지 않으면 안 된다]

▶ 갈등을 해결하기 위해서는 직접 만나서 대화를 해야 한다.

▶

2) N으로 인한 문제   –는 방법은   –는 것이다

▶

▶

3) 청소년들   –도록   –는 것이 필요하다

▶

▶

4) 만약   사람들   –다면   –(으)ㄹ 것이다

▶

▶

5) 건강을 유지하기 위해서는   –는 것보다   –는 것이 중요하다

▶

▶

07. 문장에 어울리는 중·고급 표현을 골라 써 보십시오. 표현 수준 UP

> • 회복하다   • 자립하다   • 일으키다   • 살리다   • 확대하다
> • 나누다   • 개선하다   • 취하다   • 내리다   • 제공하다

1) 서로 충분히 의견을 이야기한 후에 결정을 하는 것이 좋다.

➤ 서로 충분히 의견을 <u>나눈 후에</u> 결정을 <u>내리는 것이 좋다</u>.

2) 서로 갈등이 생기지 않도록 만날 수 있는 기회를 더 많이 만들어야 한다.

➤ 서로 갈등을 _____ 교류 기회를 _____.

3) 병이 빨리 나으려면 많이 쉬고 약을 잘 먹어야 한다.

➤ 건강을 빨리 _____ 충분한 휴식을 _____ 약을 잘 먹어야 한다.

4) 배울 수 있는 기회를 주면 스스로 돈을 벌어서 생활할 수 있게 된다.

➤ 교육의 기회를 _____ 경제적으로 _____.

5) 앞으로 우리가 해야 할 일은 장점을 잘 이용하고 단점을 고치는 것이다.

➤ 앞으로 우리가 해야 할 일은 장점을 _____ 단점을 _____.

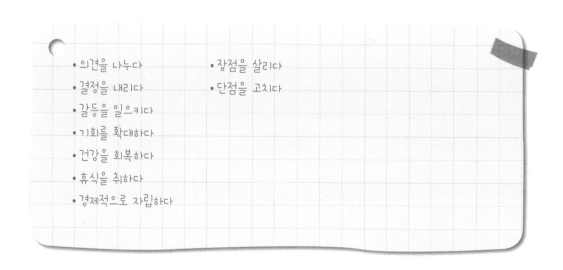

> • 의견을 나누다
> • 결정을 내리다
> • 갈등을 일으키다
> • 기회를 확대하다
> • 건강을 회복하다
> • 휴식을 취하다
> • 경제적으로 자립하다
> • 장점을 살리다
> • 단점을 고치다

마. 써 보기

01. 제시된 내용으로 '방안 및 대책' 과제에 대해 써 보십시오. 　쓰기 실력 UP

과제 1)	바람직한 다문화 사회를 위해 어떠한 노력을 해야 하는가?
	• 서로 존중하는 마음을 가져야 한다　　• 문화 교류 기회를 확대해야 한다

　바람직한 다문화 사회를 만들기 위해서는 먼저 서로 존중하는 마음을 가져야 한다. 문화도 다르고 생활 습관도 다른 사람들이 모여 있는 다문화 사회에서는 이러한 차이를 인정하고 존중하지 않으면 안 된다.

과제 2)	늘어나는 유기 동물 문제를 해결할 수 있는 방안은 무엇인가?
	• 반려동물을 반드시 등록하도록 해야 한다　• 반려동물에 대한 인식을 개선해야 한다

과제 3)	대도시 인구 집중 문제를 해결할 수 있는 방안은 무엇인가?
	•　　　　　　　　　　　　　　　•

❻ 종합 쓰기 연습

01. 미션(Mission)을 수행하면서 예시 글을 분석해 보십시오. 구성 및 표현력 UP

─── [예시 글] ───

※ [54] 다음을 주제로 하여 자신의 생각을 600~700자로 쓰십시오. (50점)

> 우리 주위에는 자신의 믿음과 가치관에 따라 사는 사람이 있는가 하면, 늘 자신을 남과 비교하면서 사는 사람도 있다. 남과 비교하는 태도는 더 노력하는 계기가 되기도 하지만 자신에게 부정적 영향을 미치는 경우도 많다. 아래의 내용을 중심으로 '남과 비교하는 태도의 문제점'에 대한 자신의 생각을 쓰라.
>
> - 남과 비교하는 태도로 인해 생기는 문제점은 무엇인가?
> - 자신을 남과 비교하는 이유는 무엇인가?
> - 이러한 태도를 바꾸기 위해서 어떻게 해야 하는가?

습관처럼 자신을 남과 비교하는 사람들이 있다. 이런 사람들은 자신을 있는 그대로 받아들이지 못하고 남들이 가진 것에 질투심을 느끼기도 하고 열등감에 빠지기도 한다. 그뿐만 아니라 다른 사람들을 경쟁의 대상으로만 보기 때문에 협력하는 태도를 가지기 어렵다. 그래서 사회적으로는 공동체 문화에 나쁜 영향을 줄 수 있으며 개인적으로는 경쟁의식에 사로잡혀 자신의 능력을 발휘하지 못할 수도 있다.

그렇다면 자신을 남과 비교하는 이유는 무엇일까? 먼저 자신감 부족을 들 수 있다. 자신감이 없으면 자기의 장점은 보지 못하고 항상 남과 비교하면서 자신에게 없는 것을 부러워한다. 또한 달라진 사회 환경에도 원인이 있다. 최근 SNS의 대중화로 실제 모습보다 '보이는 모습'에 신경을 쓰는 사람들이 많아졌는데 화려한 그들의 모습에 자신도 모르게 비교하는 마음이 생기게 된다.

따라서 스스로 자신을 돌아보고 만약 남과 비교하는 습관이 있다면 그런 태도를 바꾸기 위해서 노력해야 한다. 다른 사람이 가진 것을 보지 말고 자신이 가진 장점에 최대한 집중해야 한다. 그리고 이 장점을 살려 나만의 개성을 만들어 가야 한다. 또한 SNS를 하면서 자주 우울함을 느낀다면 과감하게 줄이는 것이 좋다. 비교하고 부러워하는 마음은 자신을 더 초라하게 만들 뿐이다. 현실을 인정하고 노력할 수 있도록 매일 자신을 응원하는 습관을 길러야 한다.

미션mission

① 각 단락의 중심 문장에 _____ 표시 하세요.

② 문장과 문장, 단락과 단락을 연결하는 표현에 〈 〉 표시하세요.

③ 이런[이러한] N, 그런[그러한] N에 _____ 표시하세요.

④ ▨▨에 쓰세요.
협력하다
≒서로 돕다
자신도 모르게
≒ 무의식적으로

⑤ 모르는 어휘와 표현을 찾아서 정리해 보세요.

02. 앞의 '남과 비교하는 태도의 문제점'에 대한 글을 원고지에 옮겨 써 보십시오.

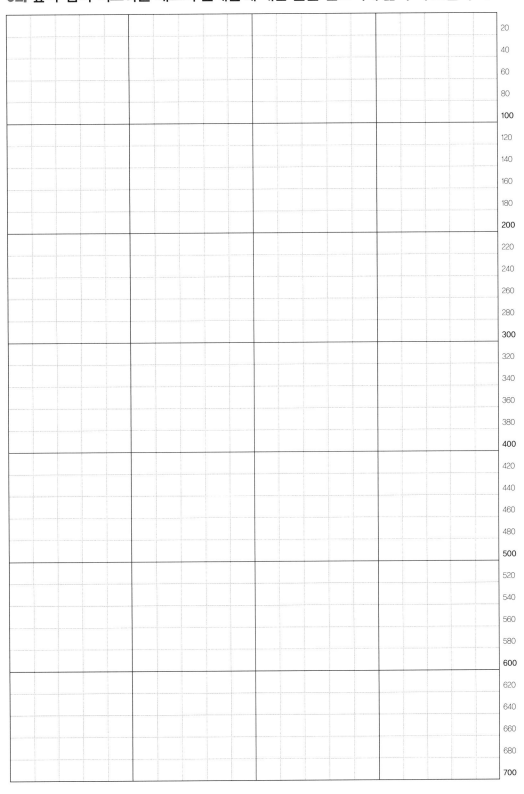

03. 글의 주제 및 과제에 맞는 내용으로 단락을 완성해 보십시오. [쓰기 실력 UP]

※ [54] 다음을 주제로 하여 자신의 생각을 600-700자로 쓰십시오. (50점)

> 기부란 돈이나 물건, 재능 등을 아무 대가 없이 다른 사람을 위해 내놓는 것을 말한다. 더 나은 공동체 사회를 위해서 기부는 꼭 필요한 일이지만 기부를 하는 사람들은 크게 늘지 않고 있다. 아래의 내용을 중심으로 '기부의 필요성과 활성화 방안'에 대한 자신의 생각을 쓰라.
>
> • 우리 사회에 기부가 필요한 이유는 무엇인가?　**과제 1**
> • 기부를 하는 사람들이 크게 늘지 않는 이유는 무엇인가?　**과제 2**
> • 기부를 활성화하기 위해 어떤 노력을 해야 하는가?　**과제 3**

과제 1
　　기부란 자신의 재산이나 물품 등을 어려운 사람에게 제공하는 것을 말한다. 기부가 필요한 이유는 주위의 소외된 이웃들이 더 행복한 삶을 누릴 수 있고 기부자 스스로도 보람을 느낄 수 있기 때문이다. 우리 주변에는 아직도 생계유지가 어렵거나 건강 문제로 곤란을 겪고 있는 사람들이 적지 않다. 이들과 더불어 살아가기 위해서 기부는 반드시 필요하다.

과제 2
　　이렇듯 기부는 꼭 필요한 일인데도 불구하고 참여율이 높지 않는 이유는 무엇일까? 먼저 경제적 이유가 가장 크다고 할 수 있다. 주로 기부를 할 만한 경제적 여유가 없어서 못하는 경우가 많은데 경제력과 상관없이 아예 기부에 무관심한 경우도 있다. 또한 관심은 있으나 기부 단체에 대한 불신으로 인해 기부를 망설이는 사람들도 많다. 실제로 기부 단체의 비리 뉴스가 나올 때마다 참여율이 크게 떨어지는 예를 쉽게 찾아볼 수 있다. 이 외에도 기부 방법을 잘 몰라서 못하는 경우도 있는데 이는 홍보 부족 때문이라고 할 수 있다.

과제 3

※ 주의: 과제 2와 과제 3의 내용이 잘 이어지도록 쓰세요.

04. 글의 주제 및 과제에 맞는 내용으로 단락을 완성해 보십시오. 쓰기 실력 UP

※ [54] 다음을 주제로 하여 자신의 생각을 600-700자로 쓰십시오. (50점)

> 우리 주위에는 혼자 있을 때는 물론, 사람들과 끊임없이 관계를 맺으면서도 외로움을 느끼는 사람들이 적지 않다. 외로움이 심해져서 신체적으로나 정신적으로 문제가 생기는 경우도 있다. 아래의 내용을 중심으로 '외로움으로 인해 발생하는 문제와 극복 방법'에 대한 자신의 생각을 쓰라.
>
> • 외로움으로 인해 어떤 문제가 생길 수 있는가? 과제 1
> • 외로움을 느끼는 사람들이 많아지는 이유는 무엇인가? 과제 2
> • 외로움을 극복하기 위해 어떤 노력을 해야 하는가? 과제 3

과제 1

과제 2

과제 3

외로움을 극복하기 위해서는 무엇보다 주변 사람들에게 관심을 가지고 서로 소통하면서 지내는 것이 중요하다. 이때 다른 사람이 다가오기를 기다리지 말고 먼저 말을 건네고 마음을 나누려는 자세가 필요하다. 특히, 친구를 사귀는 방법으로 사회관계망서비스(SNS)를 이용할 것이 아니라 직접 만나서 교류할 수 있는 기회를 많이 만들어야 한다. 이렇게 했을 때 만족감도 커지고 외로움도 덜 느끼게 될 것이다.

※ 주의: 과제 3의 내용을 잘 보고 관련된 내용을 과제 1과 2에 쓰세요.

05. 써 보십시오.

1) ※ [54] 다음을 주제로 하여 자신의 생각을 600-700자로 쓰십시오. (50점)

> 살다 보면 누구나 힘든 순간이 있기 마련이다. 이때 자신감을 잃고 포기하는 사람이 있는 반면 긍정적인 태도로 어려움을 잘 극복하는 사람도 있다. 이렇듯 어려울 때일수록 긍정적인 태도는 중요하다. 아래의 내용을 중심으로 '긍정적인 태도의 중요성'에 대한 자신의 생각을 쓰라.
>
> • 긍정적인 태도는 왜 중요한가?　과제 1
> • 긍정적인 태도는 우리 생활에 어떤 영향을 미치는가?　과제 2
> • 긍정적인 태도를 기르기 위해 어떤 노력을 해야 하는가?　과제 3

2) ※ [54] 다음을 주제로 하여 자신의 생각을 600-700자로 쓰십시오. (50점)

> 최근 자신을 표현하고 정보를 공유하기 위해 페이스북, 트위터, 인스타그램 같은 사회관계망서비스(SNS)를 이용하는 사람들이 증가하고 있다. 이러한 사회관계망서비스 이용은 우리 삶에 긍정적 효과를 주기도 하지만 부정적 영향을 미치기도 한다. 아래의 내용을 중심으로 '사회관계망서비스(SNS) 이용의 긍정적인 효과와 부정적인 영향'에 대한 자신의 생각을 쓰라.
>
> • 사회관계망서비스(SNS) 이용으로 인한 긍정적 효과는 무엇인가?　과제 1
> • 부정적인 영향은 무엇인가?　과제 2
> • 부정적인 영향을 최소화하기 위해 어떤 노력을 해야 하는가?　과제 3

쓰기 전 확인

Practice makes perfect

1. 위 두 문제 중에서 쓰고 싶은 주제를 고르세요.
2. 주제와 과제를 확인한 뒤, 각 과제에 대한 중심 생각을 빈 공간에 짧게 메모해 보세요.
3. 25-30분 안에 써야 하니까 시간을 확인하면서 쓰도록 하세요.
4. 원고지에 쓰세요.

★ 3급 목표	300자만 써 보세요. 단, 과제 1, 2, 3에 대한 내용을 모두 써야 합니다.
★ 4급 목표	400-500자 정도 써 보세요. 단, 과제 1, 2, 3에 대한 내용을 모두 써야 합니다.
★ 5-6급 목표	600자 이상 써 보세요. 앞에서 연습한 중·고급 표현을 활용해 보세요.

5. 글을 완성한 후에 스스로 점검해 보세요.

• 내용	과제 1, 2, 3을 모두 썼는가? 과제에 맞는 내용을 썼는가?
• 구조	단락을 2개 이상으로 나누었는가? 단락 간 연결이 자연스러운가?
• 어휘	어휘와 표현을 풍부하고 정확하게 썼는가? 문어체를 썼는가?

※ 예시 답안이 있습니다. 답지를 확인해 보세요.

20
40
60
80
100
120
140
160
180
200
220
240
260
280
300
320
340
360
380
400
420
440
460
480
500
520
540
560
580
600
620
640
660
680
700

PART 2

1. 장단점 쓰기
2. 조건 쓰기
3. 태도 쓰기
4. 종합 쓰기 연습

Ⅲ 과제별 쓰기 · PART 2

① 장단점 쓰기

가. 준비하기

▶ '장단점' 관련 과제를 쓸 때 어떤 내용을 써야 할까요?

 그것의 좋은 점은 무엇이고, 나쁜 점은 무엇인지 생각해 보세요. 그것 덕분에 어떤 점이 편리해졌나요? 반면 그것 때문에 불편해진 점은 없나요? 그것으로 인해 우리 삶이나 환경이 어떻게 바뀌었는지 생각해 보고, 장점과 단점을 나누어서 써 보세요.

▶ 어떤 표현을 쓰는 것이 좋을까요?

- N의 장점[단점]은 -다는 것이다   예 재택근무의 장점은 출퇴근 시간을 아낄 수 있다는 것이다.
- N은 -다는 장점[단점]이 있다   예 온라인 수업은 수업에 대한 집중력이 떨어진다는 단점이 있다.
- N은 N에 좋다[좋지 않다]   예 조기 교육은 아이의 정서 발달에 좋지 않다.

나. 문제 유형 확인하기

01. 이유 ⟷ 장점 ⟷ 단점

요즘 인터넷에 개인이 직접 방송을 만들고 운영하는 1인 방송이 많아지고 있다. 시청자 입장에서는 1인 방송이 많아져서 좋은 점도 있고 나쁜 점도 있다. 아래의 내용을 중심으로 '1인 방송의 장점과 단점'에 대한 자신의 생각을 쓰라.

- 1인 방송이 늘어나는 이유는 무엇인가?
- V •1인 방송이 많아졌을 때 시청자 입장에서 장점은 무엇인가?
- V •시청자 입장에서 단점은 무엇인가?

02. 긍정적인 측면 ↔ 부정적인 측면 ↔ 방안

> 교육에 대한 높은 관심은 사회 발전에 도움이 된다. 그러나 지나치게 높은 교육열은 오히려 개인과 사회에 부담이 된다. 아래의 내용을 중심으로 '높은 교육열의 양면성'에 대한 자신의 생각을 쓰라.
>
> ∨ • 높은 교육열의 긍정적인 측면은 무엇인가?
> ∨ • 높은 교육열의 부정적인 측면은 무엇인가?
>   • 그러한 문제점을 최소화하기 위해서는 어떻게 해야 하는가?

다. 수준별 연습하기 1

과제   1인 방송이 많아졌을 때 시청자 입장에서 장점은 무엇인가?

중급

요즘 인터넷 1인 방송을 하는 사람들이 늘어나고 있다. 이렇듯 1인 방송이 많아지면 시청자들은 좀 더 다양한 선택을 할 수 **있게 된다.** 맛집 소개 방송**만 해도 한두 개가 아니기 때문에** 시청자는 그 중에서 마음에 드는 것을 골라 볼 수 있다. 또한 새로운 콘텐츠를 많이 접할 수 있다는 **장점도 있다.** 1인 방송은 소재나 형식의 제한이 거의 없으며 연령, 직업 등에 관계없이 누구나 제작할 수 있다. 그러한 환경 덕분에 시청자는 기존의 TV에서 보지 못했던 독특하고 신선한 콘텐츠를 즐길 수 있게 된다.

(280자)

표현
• V-게 되다
• N을/를 접하다
• N만 해도 한두 개가 아니다
• N에 관계없이 누구나 V-(으)ㄹ 수 있다
• A-다는 / V-ㄴ다는 / V-는다는 장점이 있다
• 콘텐츠를 즐기다
• N 덕분에

- '시청자 입장'에서 장점을 쓰는 것이 과제입니다. 인터넷 개인 방송을 만들거나 진행하는 사람의 입장에서 쓰면 안 됩니다. '돈을 많이 벌 수 있다' 혹은 '자신의 능력을 발휘할 수 있다' 등과 같은 내용은 시청자 입장에서 쓴 것이 아니기 때문에 좋은 점수를 받을 수 없습니다.
- 상황의 '변화'를 표현하고 싶습니까? 'V-게 되다' 혹은 'A'-아/어지다'를 사용해 보세요.
- N만 해도: 여러 가지 예 중에서 대표적인 것 하나를 선택해서 설명할 때 사용합니다.

01. 다음을 참고하여 제시된 표현으로 문장을 만들어 보십시오. 문장의 정확성 UP

> • A/V + N ➡ –(으)ㄴ/는/(으)ㄹ
> • ' ' + N(문제, 장점) ➡ –다는, –라는
> • (T) –topic ➡ N은/는
> • + ? ➡ –고, –(으)면, –도록
> • N + N ➡ 과/와, 의, (이)나

1) 높다 + 교육열(T) / 사교육비 + 지출 / '늘리다' + 문제 / 있다

➡ 높은 교육열은 사교육비의 지출을 늘린다는 문제가 있다.

2) 1인 방송 / 많아지다 + ? / 시청자들 / 다양하다 + 선택 / 할 수 있게 되다

➡

3) 온라인 수업(T) / 언제 어디서든지 / 원하다 + 강의 / '들을 수 있다' + 장점 / 있다

➡

4) 전자책 + 단점(T) / 종이책 + 질감 / 느낄 수 없다 + ? / 눈 + 피로감 / 높일 수 있다

➡

5) 학습 만화 + 좋은 점(T) / 공부 / 흥미 / 없다 + 아이들 / 재미있게 읽다 + ? / 해 주다

➡

- N에 흥미가 있다[없다]
- 피로감을 높이다
- A–(으)ㄴ N   예 현명한 선택을 해야 한다.
- A–게 V   예 현명하게 선택해야 한다.

02. 제시된 표현을 이용해서 문장을 완성하십시오.

문장 구성 능력 UP

1) 과학 기술의 발달에는 장점도 있고 _____ .

                                                     단점 / 있다

2) 친환경 에너지는 화석 연료에 비해 오염 물질을 _____ 장점이 있다.

                        적다 / 배출하다

3) 인터넷 1인 방송은 _____ 누구나 자유롭게 방송을 진행할 수 있다.

                  공영 방송 / 다르다

4) 다수결 원칙은 다양한 의견이 있을 때 _____ 말한다.

                  다수의 의견 / 따르다

5) 전통시장 이용의 장점은 가까운 지역에서 생산된 신선한 _____ .

                  농산물 / 구입할 수 있다

6) 해외여행을 하면 _____ 좋다.

                  다른 나라의 문화 / 직접 체험할 수 있다

7) _____ 몸에 부담을 주므로 오히려 건강에 좋지 않다.

                  지나치다 / 운동

03. 써 보십시오.

쓰기 실력 UP

> **과제** **전자책의 장점은 무엇인가?**
> • 들고 다니기 편하다 • 종이책에 비해 가격이 저렴하다

요즘 전자책을 이용하는 사람이 많아졌다. 전자책의 장점은

라. 수준별 연습하기 2

과제 1인 방송이 많아졌을 때 시청자 입장에서 장점은 무엇인가?

고급

1인 미디어가 발달하**면서** 인터넷을 이용한 1인 방송도 급증하**고 있다**. 이런 1인 방송이 늘면 시청자들은 선택의 폭이 넓어져서 좋다. 맛집 소개 방송만 하더라도 헤아릴 수 없을 정도로 많아서 시청자들은 자신의 취향과 필요에 따라 방송을 선택할 수 있게 된다. 그뿐만 아니라 1인 방송은 공영 방송과 달리 규제가 엄격하지 않기 때문에 1인 방송 제작자들은 주제나 형식 면에서 좀 더 새로운 시도를 하는 경향이 있다. 그 덕분에 시청자들은 독특하고 실험적인 방송을 즐길 수 있게 된다.　　　(271자)

표현

- V-(으)면서 –고 있다
- 헤아릴 수 없을 정도로 많다
- N와/과 달리
 (≒N와/과 다르게)
- 선택의 폭이 넓어지다
- N 면에서
- 규제가 엄격하지 않다
- –는 경향이 있다

- 1인 미디어란 개인이 콘텐츠를 만들고 공유하는 블로그나 SNS를 말합니다. 1인 방송은 그 중에서 글이 아닌 영상을 통해 콘텐츠를 제공하는 서비스를 말합니다.
- 'V-(으)면서' : ① 동시 행동　**예** 밥을 먹으면서 텔레비전을 본다.
　　　　　　　　② 원인　**예** 교통수단이 발달하면서 여행을 가기가 편해졌다.

01. 제시된 표현을 이용해 문장을 길게 만들어 보십시오.

`표현력 UP`

1) 장점은　　　　　　　–다는 것이다

▶ 직업으로서 공무원의 장점은 안정된 생활을 유지할 수 있다는 것이다.

2) 온라인 수업은　　　　　–에 비해　　　　　단점이 있다

▶

3) 전기 자동차　　　　와/과 달리　　　　–아/어서 좋다

▶

4) 잠자기 전에　　　　　 -는 것은　　　　　 N에 좋지 않다

　► ───

5) 요즘　　　　　 -(으)면서　　　　　 -고 있다

　► ───

02. 문장에 어울리는 중·고급 표현을 골라 써 보십시오. 표현력 UP

• 해롭다(A)	• 취하다	• 넓어지다	• 늘어나다	• 활성화되다
• 창출되다	• 제공하다	• 풍부하다(A)	• 향상시키다	• 자극적이다

*(A): 형용사

1) 인터넷 1인 방송이 많아지면 시청자는 다양한 선택의 기회를 가질 수 있다.

► 인터넷 1인 방송이　　늘어나면　　　　시청자는 선택의 폭이　　　　　　　.

2) 인터넷 방송에는 아이들이 보면 좋지 않은 내용도 있다.

► 인터넷 방송은 아이들에게　　　　　　　　　　　 내용을 담고 있는 경우도 있다.

3) 축제에 가면 사람들은 일상에서 벗어나서 새롭고 즐거운 경험을 할 수 있어서 좋다.

► 축제는 사람들에게 해방감과 색다른 즐거움을　　　　　　　　　　 장점이 있다.

4) 가공식품의 단점은 맛이 강하고 영양이 거의 없다는 것이다.

► 햄, 라면과 같은 가공식품의 단점은 맛이　　　　　　　 영양이　　　　　　 것이다.

5) 관광객이 많아지면 새로운 일자리가 생기고 지역 경제도 좋아진다.

► 관광객이 늘어나면 새로운 일자리가　　　　　　　 지역 경제도　　　　　　　.

6) 도시 공원은 편안하게 쉴 수 있는 곳으로 시민들의 삶을 더 좋아지게 만든다.

► 도시 공원은 휴식을　　　　　　 곳으로 시민들의 삶의 질을　　　　　　　.

03. 써 보십시오.

과제 조기 교육의 단점은 무엇인가?
* 자연스러운 정서 발달을 어렵게 함　　·

※ 참고

* 친구와 교류하다
* 기회가 줄어들다
* 흥미가 떨어지다

❷ 조건 쓰기

가. 준비하기

▶ '조건' 관련 과제를 쓸 때 어떤 내용을 써야 할까요?

그것이 잘 되려면 어떤 것이 필요할까요? 그것을 잘하기 위해서는 무엇을 고려해야 하나요? 꼭 필요하다고 생각하는 조건을 2개 정도 쓰세요. 그리고 왜 그런지 이유도 함께 쓰세요. 이때 제일 중요하다고 생각하는 것부터 쓰는 것이 좋습니다.

▶ 어떤 표현을 쓰는 것이 좋을까요?

> • N의 조건은 N이다/−는 것이다　　예 살기 좋은 도시의 첫 번째 조건은 쾌적한 환경이다.
> • N의 조건으로 N을 들 수 있다　　예 좋은 직장의 조건으로 복지 제도를 들 수 있다.
> • −(으)려면 −아/어야 하다　　예 세계화 시대에 필요한 인재가 되려면 외국어 능력을 갖춰야 한다.

나. 문제 유형 확인하기

01. 문제점　⟶　[조건 1]　⟶　[조건 2]

> 흔히 행복은 경제적 조건에 달려 있다고 생각하는 사람들이 많다. 그러나 돈이 많다고 해서 행복해지는 것은 아니다. 행복의 기준은 사람마다 다르고 지금 어떤 사회 환경에서 살고 있는지도 중요하다. 아래의 내용을 중심으로 '행복의 조건'에 대한 자신의 생각을 쓰라.
>
> 　　　• 경제적 조건만 중시할 경우, 어떤 문제점이 생기는가?
> ∨　• 개인적 차원에서 필요한 행복의 조건은 무엇인가?
> ∨　• 사회적 차원에서 고려해야 할 행복의 조건은 무엇인가?

02. 중요성 ⟷ 〔고려 사항〕 ⟷ 방안

> 환경 문제가 갈수록 심각해지면서 친환경 소비에 대한 관심도 커지고 있다. 친환경 소비란 최대한 소비를 줄이고, 소비를 하더라도 환경에 부담이 적게 가도록 하는 것을 말한다. 아래의 내용을 중심으로 '친환경 소비의 중요성과 고려 사항'에 대한 자신의 생각을 쓰라.
>
> * 친환경 소비는 왜 중요한가?
> ∨ * 소비를 할 때 고려해야 할 사항은 무엇인가?
> * 친환경 소비를 하기 위해서 어떤 노력이 필요한가?

다. 수준별 연습하기 1

〔과제〕 **개인적 차원에서 필요한 행복의 조건은 무엇인가?**

〔중급〕

돈이 많거나 성공을 **한다고 해서** 다 행복해지**는 것은 아니다.** 행복하게 살기 위해서는 적당히 일하고 여가를 즐겨야 한다. 건강이 나빠질 정도로 혹은 사랑하는 사람과 함께 보낼 시간이 없을 정도로 일만 하면 결코 행복할 수 없기 때문이다. 행복의 또 다른 조건으로는 작은 것에 감사할 줄 아는 마음을 들 수 있다. 사람들은 대부분 더 많은 것을 **가지고 싶어 한다.** 그런 욕심 때문에 항상 부족함을 느끼고 스스로 불행해지는 사람들도 있다. 따라서 욕심을 버리고 작은 것도 소중하게 생각하는 마음을 가질 필요가 있다.

(286자)

표현

* A–다고 / V–ㄴ다고 / V–는다고 해서 다 –(으)ㄴ/는 것은 아니다
* 결코 –(으)ㄹ 수 없다
* V–(으)ㄹ 줄 알다 [↔ V–(으)ㄹ 줄 모르다]
* V–(으)ㄹ 정도로 A/V
* N의 조건으로 N을/를 들 수 있다
* 사람들은 –고 싶어 하다

 • 돈을 많이 벌고 성공을 하면 100% 행복해집니까? 아닙니다. 그럼 돈과 성공은 전혀 필요 없는 것입니까? 아닙니다. 그럼 이것을 어떻게 표현하면 좋을까요? '–다고 해서 다 –(으)ㄴ/는 것은 아니다'를 사용해 보세요.

• –고 싶다　〔예〕나는 좋은 사람이 되고 싶다. (○)

• –고 싶어 하다　〔예〕누구나 좋은 사람이 되고 싶어 한다. (○)　※ 누구나 좋은 사람이 되고 싶다. (×)
　　　　　　　　　　3인칭

01. 다음을 참고하여 제시된 표현으로 문장을 만들어 보십시오.　　문장의 정확성 UP

> - A/V + N ➡ −(으)ㄴ/는/(으)ㄹ
> - (T) −topic ➡ N은/는, N에는
> - + ? ➡ −(으)려면, −도록, −(으)ㄴ지/는지
> - N + N ➡ 과/와, 의, (이)나

1) 성공 + 조건 / 꾸준하다 + 독서(N) / 들 수 있다

▶ 성공의 조건으로 꾸준한 독서를 들 수 있다.

2) 진로 / 선택하다 + 때 / 자신의 적성 + 성격 / 고려해야 하다

▶

3) 물건 / 사다 + 때 / 이것 / 나 / 꼭 필요하다 + ? / 한 번 더 / 생각해 봐야 하다

▶

4) 세계화 시대 / 필요하다 + 인재 / 되다 + ? / 사람들 / 소통하다 + 능력 / 필요하다

▶

5) 학생들 / 원하다 + 좋다 + 학교(T) / 꿈 / 키울 수 있다 + ? / 지원해 주다 + 학교이다

▶

- 적성과 성격을 고려하다
- N을/를 선택하다
- N이/가 되다
- N이/가 크다(A)　예 꿈이 크다
- N을/를 키우다(V)　예 꿈을 키운다
- N에게 필요하다
- N을/를 지원해 주다
- 사람들과 소통하다

02. 제시된 표현을 이용해서 문장을 완성하십시오.

1) 훌륭한 리더의 첫 번째 조건은 위기에 _____.
대처할 수 있다 / 문제 해결 능력

2) 장수하려면 과식을 피해야 한다. 소식, 즉 _____ 무엇보다 중요하다.
적다 / 먹다

3) 토픽 성적은 유학생이 한국 대학에 입학할 때 _____ 중의 하나이다.
필요하다 / 것

4) 돈보다 중요한 행복의 조건은 바로 _____.
일과 생활의 균형 / 유지하다

5) 그렇다면 살기 좋은 도시의 조건에는 _____?
어떤 것 / 있다

6) 현대 사회에서는 정보를 수집하고 _____ 인재가 필요하다.
활용하는 능력 / 갖추다

7) 동물원은 사람 중심이 아니라 _____ 곳이 되어야 한다.
동물들 / 살다 / 좋다

※ 답지에 설명이 있습니다. 확인해 보세요.

03. 써 보십시오.

> **과제** **살기 좋은 도시의 조건은 무엇인가?**
> • 환경이 깨끗해야 한다 • 안전해야 한다

살기 좋은 도시의 조건에는 어떤 것이 있을까? 우선,

라. 수준별 연습하기 2

과제 개인적 차원에서 필요한 행복의 조건은 무엇인가?

고급

부와 성공이 행복의 필수 조건은 아니다. **가장 중요한 것은** 일과 삶의 균형을 유지하**는 것이다.** 일은 자아실현을 위한 수단**으로서** 인생에서 큰 비중을 차지하지만 일에만 과도하게 몰두하면 건강을 잃거나 사랑하는 사람과 멀어질 수 있다. 그리고 작은 것에도 감사하는 마음을 가져야 한다. 사람의 욕심은 끝이 없기 때문에 욕심을 경계하지 않으면 불행해**질 수밖에 없다.** 현재 자신이 가진 것에 만족하고 주변 사람들의 작은 배려에도 감사할 줄 알아야 삶의 만족도도 높아지고 행복감도 커진다.

(269자)

표현

- N이/가 N의 필수 조건은 아니다
- N(으)로서
- N에(만) 몰두하다
- N에 만족하다
- N에서 큰 비중을 차지하다
- A/V-(으)ㄹ 수밖에 없다
- 삶의 만족도가 높아지다

 skill

- '중요한 것은 -는 것이다' 표현을 사용할 때 호응에 주의하세요.
  예 중요한 것은 일과 삶의 균형을 유지한다. (×)
- 'A/V-(으)ㄹ 수밖에 없다'는 다음과 같은 의미가 있습니다. ① 그것 외에 다른 방법이나 가능성이 없음 ② 그런 결과가 충분히 예상됨
  예 지하철이 끊겨서 택시를 탈 수밖에 없었다. (①번 의미)
  예 무엇이든지 최선을 다하는 사람은 성공할 수밖에 없다. (②번 의미)
- 'N(으)로서'는 ① '자격'을 나타낼 때 ② 어떤 것을 설명하거나 제시할 때 'N은/는 ~ N(으)로서'의 형태로 사용합니다.
  예 교사로서 학생들의 진로에 대해 상담해 줄 필요가 있다. (자격)
  예 서울은 한국의 수도로서 정치, 경제, 문화의 중심지이다. (설명)

01. 제시된 표현을 이용해 문장을 길게 만들어 보십시오. **표현력 UP**

1) 좋은 직장의 조건으로　　　　들 수 있다

→ 좋은 직장의 조건으로 의료비 지원, 육아 휴직제 등 우수한 복지 제도를 들 수 있다.

2) 누구나　　　　-고 싶어 하다

→

3) 삶에서 가장 중요한 것은   –는 것이다 / N이다

➡ _____

4) 성공의 필수 조건은   –는 것이다 / N이다

➡ _____

5) –(으)ㄹ 때   고려해야 할 사항으로   들 수 있다

➡ _____

02. 문장에 어울리는 중·고급 표현을 골라 써 보십시오.   `표현력 UP`

> • 꼽다   • 잃다   • 지원하다   • 마음 놓다   • 낫다
> • 몰두하다   • 구입하다   • 경청하다   • 따져 보다   • 고려하다
>
> *(A): 형용사

1) 많은 사람들이 꼭 필요한 행복의 조건은 돈과 성공이라고 말한다.

➡ 흔히 사람들은 행복의 필수 조건으로 부와 성공을 ___꼽는다___ .

2) 일만 하다 보면 건강이 안 좋아질 수 있다.

➡ 과도하게 업무에만 _____ 건강을 _____ .

3) 물건을 살 때 그것이 무엇으로 만들어졌는지 잘 알아봐야 한다.

➡ 제품을 _____ 그것이 어떤 소재로 만들어졌는지 꼼꼼하게 _____ .

4) 리더가 더 좋은 결정을 하기 위해서는 다른 사람의 말을 잘 들어야 한다.

➡ 리더가 더 _____ 결정을 내리기 위해서는 타인의 의견을 _____ .

5) 직장을 고를 때 중요하게 생각해야 하는 것 중의 하나가 월급이다.

➡ 직장을 선택할 때 _____ 사항 중의 하나가 바로 보수이다.

6) 아이를 잘 키울 수 있도록 도와줘야 일하는 부부들이 걱정하지 않고 일할 수 있다.

➡ 정부에서 자녀 양육을 _____ 맞벌이 부부가 _____ 일에 집중할 수 있다.

03. 써 보십시오.

> **과제**   세계화 시대에 필요한 인재의 조건은 무엇인가?
>
> • 타 문화를 받아들이는 열린 태도   •

※ 참고

- 세계를 무대로 일하다
- 해외 출장이 잦다
- 폭넓은 지식을 갖추다
- 타 문화를 수용하다

③ 태도 쓰기

가. 준비하기

▶ '태도' 관련 과제를 쓸 때 어떤 내용을 써야 할까요?

 　　누구나 한 번쯤 실패를 겪지만, 실패를 어떻게 생각하느냐에 따라 결과는 완전히 달라질 수 있습니다. 따라서 그것에 대해 어떻게 생각하는 것이 좋은지, 어떤 태도를 가지는 것이 바람직한지 생각해 볼 필요가 있습니다. 이때 무엇을 주의해야 하는지 잘 생각해 보고 쓰기 바랍니다.

▶ 어떤 표현을 쓰는 것이 좋을까요?

> • N을 비판적[긍정적]으로 보다　　예 우리는 상업 광고를 비판적으로 볼 필요가 있다.
> • -는 태도가 중요하다[필요하다]　　예 사과할 때는 진심으로 잘못을 인정하는 태도가 중요하다.
> • -지 않도록 주의해야 하다　　예 게임에 중독되지 않도록 주의해야 한다.

나. 문제 유형 확인하기

01. 경우 ⋯ 교훈 ⋯ 태도

> 　　살다 보면 누구나 한 번쯤 실패를 겪기 마련이지만, 실패를 대하는 태도는 사람마다 다르다. 실패가 성공의 걸림돌이라고 생각하는 사람도 있고 성공을 위한 과정이라고 생각하는 사람도 있다. 아래의 내용을 중심으로 '실패에 대처하는 바람직한 태도'에 대한 자신의 생각을 쓰라.
>
> 　　　　• 사람들은 흔히 실패했을 때 어떻게 하는가?
> 　　　　• 실패했을 때 무엇을 배울 수 있는가?
> 　 V 　• 실패에 대처하는 바람직한 태도는 무엇인가?

02. 중요성 ••→ 문제점 ••→ 주의할 점

사람과의 관계에서 감정을 잘 표현하는 것은 아주 중요하다. 감정 표현을 잘 못하면 오해가 생길 수도 있고 소통에 문제가 생길 수도 있다. 따라서 감정 표현을 할 때는 여러 가지에 신경을 써야 한다. 아래의 내용을 중심으로 '감정 표현의 중요성과 주의할 점'에 대한 자신의 생각을 쓰라.

- 사람들과의 관계에서 감정 표현은 왜 중요한가?
- 감정 표현을 잘 못하면 어떤 결과가 나타날 수 있는가?
∨ - 감정을 표현할 때 주의해야 할 점은 무엇인가?

다. 수준별 연습하기 1

과제   실패에 대처하는 바람직한 태도는 무엇인가?

중급

대부분의 사람들은 **실패했을 때** 자신의 능력이 부족하다고 **생각하며** 자신감을 잃는다. 또 실패할까 봐 도전하는 것을 두려워하게 된다. 물론 쉽지는 않지만, 두려움을 극복하기 위해서는 한번 실패해 봤기 때문에 다음에는 더 잘할 수 있다는 믿음을 가져야 한다. '실패는 성공의 어머니'라는 말도 있듯이, 실패를 통해서 우리는 많은 것을 배울 수 있다. 또 슬퍼하고 실망하기보다 현실을 객관적으로 봐야 한다. 왜 실패했는지 분석하고 그 내용을 잘 기록해 놓아야 다음에 같은 잘못을 반복하지 않게 된다.

(279자)

표현
• A/V–(으)ㄹ까 봐
• 자신감을 잃다
• ' '라는 말도 있듯이
• N을/를 두려워하다
• 두려움을 극복하다
• A–다는 / V–ㄴ/는다는 / N(이)라는 믿음을 가지다
• 왜 –는지 분석하다

- '-았/었을 때'와 '-(으)ㄹ 때'는 어떻게 다른가요? 앞의 행동이나 일이 끝났으면 '-았/었을 때'를 사용해 보세요.
   예 내가 음식을 만들었을 때 친구가 왔다. (음식을 다 만들었음)
   ≠ 내가 음식을 만들 때 친구가 왔다. (음식을 만드는 중)
- '-(으)며'는 단어나 문장을 연결할 때 씁니다. '-고'(① 나열) 혹은 '-(으)면서'(② 동시)로 바꿔 쓸 수 있어요. 단, ②의 의미로 쓸 때, 글에서는 '-(으)면서'보다 '-(으)며'를 더 자주 사용합니다. 또한 세 문장을 나열할 때 '-고'의 반복을 피하기 위해 '-(으)며'를 사용합니다.
   예 실패했을 때 슬퍼하고 좌절하며 자신감을 잃는 사람들이 많다.

01. 다음을 참고하여 제시된 표현으로 문장을 만들어 보십시오. 문장의 정확성 UP

> • A/V + N ➡ −(으)ㄴ/−는/−(으)ㄹ
> • ' ' + V(생각하다) ➡ −다고, −라고
> • (T) −topic ➡ N은/는, N에는
>
> • + ? ➡ −고, −지만, −지 않도록
> • N + N ➡ 과/와, 의, (이)나

1) 대부분 + 사람들 / 실패했다 + 때 / 자신 + 능력 / '부족하다' + 생각하다

➡ 대부분의 사람들은 실패했을 때 자신의 능력이 부족하다고 생각한다.

2) 무엇보다 / 중요하다 + 것(T) / 실패에 대한 두려움 / 극복하다 + 일이다

➡

3) 세계화 시대(T) / 다른 나라 + 문화 / 존중하다 + 태도 / 필요하다

➡

4) 반려동물 / 키우다 + 때 / 책임감 / 가지지 않다 + ? / 안 되다

➡

5) 부탁 / 거절하다 + 때 / 상대방 / 상처 받다 + ? / 말 / 부드럽게 해야 하다

➡

> • 능력이 부족하다
> • 두려움을 극복하다
> • 반려동물을 키우다
> • 책임감을 가지다
> • 부탁을 거절하다
>
> • N이/가 필요하다(A) → O
> • N을/를 필요하다 → X

02. 제시된 표현을 이용해서 문장을 완성하십시오.

1) 비록 이번에는 실패했지만 ＿＿＿＿＿＿＿＿＿＿＿＿＿＿＿＿＿＿ 필요하다.

　　　　　　　　　　　다음에는 더 잘할 수 있다 / 믿음

2) 긍정적으로 생각하고 적극적으로 행동해야 ＿＿＿＿＿＿＿＿＿＿＿＿ 수 있다.

　　　　　　　　　　　　좋은 결과 / 얻다

3) 나의 잘못으로 상대방이 상처를 받거나 ＿＿＿＿＿＿＿＿＿ 때는 사과를 해야 한다.

　　　　　　　　　　　피해 / 입었다

4) 광고만 보고 ＿＿＿＿＿＿＿＿＿＿＿＿＿＿＿＿＿＿＿＿＿ 주의해야 한다.

　　　　　　　충동구매 / 하지 않다

5) 아무리 ＿＿＿＿＿＿＿＿＿＿＿＿＿＿＿ 말을 할 때는 조심해야 한다.

　　　　　가깝다 / 사이이다

6) SNS를 통해 개인 정보가 유출되면 ＿＿＿＿＿＿＿＿＿＿＿＿ 조심해야 한다.

　　　　　　　　　　범죄 / 악용될 수 있다

7) 감정 표현을 잘하려면 ＿＿＿＿＿＿＿＿＿＿＿＿＿＿＿＿ 잘 알아야 한다.

　　　　　　　지금 / 나 / 왜 / 그런 감정 / 느끼다

※ 답지에 답안에 대한 설명이 있습니다. 확인해 보세요.

03. 써 보십시오.

과제	SNS를 할 때 주의할 점은 무엇인가?
	• 개인 정보 노출을 조심해야 한다　　• SNS에 중독되지 않도록 주의해야 한다

평소 SNS에 글이나 사진을 많이 올리는 사람은 개인 정보 노출을 조심해야 한다.

라. 수준별 연습하기 2

과제   실패에 대처하는 바람직한 태도는 무엇인가?

고급

　크든 작든 실패를 겪고 나면 실패가 두려워진다. 그래서 새로 시작해 볼 용기를 잃게 되는데, **이는** 실패 후에 우리가 가장 경계해야 할 **부분이다.** 실망하는 대신 **실패를 거울삼아** 다음에는 더 잘할 수 있다는 긍정적인 마음을 가지는 것이 중요하다. 그래야 자신감을 회복하고 실패에 대한 두려움도 극복해서 새롭게 도전할 수 있다. 나아가 실패의 원인을 냉철하게 분석하고 기록으로 남길 필요가 있다. 실패하지 않는 방법을 기억하는 것이 성공의 지름길이 될 수 있기 때문이다. (262자)

표현

- A/V-든 A/V-든
- 자신감을 회복하다
- 긍정적인 마음을 가지다
- 실패를 거울(로) 삼다
- N을/를 기록으로 남기다
- 성공의 지름길이 되다

skill
- 문장을 쓸 때는 주어와 서술어의 호응에 주의해야 합니다. '이는[이것은] 실패 후에 우리가 가장 경계해야 한다.'로 쓰면 호응이 안 되어서 틀린 문장이 됩니다.
- 'N을/를 거울(로) 삼다'라는 표현은 남의 일이나 과거의 일에서 배울 것은 배우고 조심해야 할 것은 조심한다는 의미입니다. **예** 그 사람은 지난날의 실패를 거울삼아서 크게 성공할 수 있었다.

01. 제시된 표현을 이용해 문장을 길게 만들어 보십시오.

표현력 UP

1) 공공시설을 이용할 때는 　　　　　　-도록 주의해야 한다

　▶ 공공시설을 이용할 때는 다른 사람에게 불편을 주지 않도록 주의해야 한다.

2) 인터넷을 이용할 때는 　　　　-거나 　　　　　-(으)면 안 된다

　▶

3) 경기에 　　　-았/었을 때 　　　　필요하다

　▶

4) 면접을 볼 때는 　　　-도록 　　　　-아/어야 하다

　▶

5) -(으)ㄹ 때 　　　-는지 　　　-(으)ㄹ 필요가 있다

　▶

02. 문장에 어울리는 중·고급 표현을 골라 써 보십시오.

표현 수준 UP

- 부딪히다
- 드러내다
- 방지하다
- 경계하다
- 우선시하다
- 과도하다(A)
- 확산되다
- 모색하다
- 대처하다
- 협조하다
- 신중하다(A)
- 바람직하다(A)

*(A): 형용사

1) 어려운 문제가 생겼을 때는 해결 방법을 열심히 찾아야 한다.

➤ 어려움에 <u>부딪혔을</u> 때는 해결책을 적극적으로 _____ 한다.

2) 지나친 자신감 때문에 잘못된 결정을 할 수 있으므로 조심해야 한다.

➤ _____ 자신감은 잘못된 판단을 내리도록 하므로 _____ 한다.

3) 말은 그 사람의 생각과 태도를 보여주기 때문에 조심해서 해야 한다.

➤ 말은 그 사람의 생각과 태도를 _____ 때문에 _____ 해야 한다.

4) 감염병이 퍼지기 시작해서 정부는 마스크를 나누어 주는 등 빠르게 행동했다.

➤ 감염병이 _____ 정부는 마스크 보급 등 위기 상황에 신속하게 _____ .

5) 개인 정보가 다른 사람에게 알려지지 않도록 하려면 비밀번호를 자주 바꾸는 것이 좋다.

➤ 개인 정보 유출을 _____ 위해서는 비밀번호를 자주 변경하는 것이 _____ .

6) 같이 일을 할 때는 서로 도와주는 태도를 가지고 팀에 도움이 되는 것을 먼저 생각해야 한다.

➤ 같이 일을 할 때는 _____ 태도를 가지고 팀 전체의 이익을 _____ .

03. 써 보십시오.

쓰기 실력 UP

과제 상업 광고를 볼 때 필요한 태도는 무엇인가?
· 광고 내용을 그대로 믿지 말고 비판적으로 보기 ·

※ 참고

· N을/를 목적으로 하다
· 충동구매를 피하다
· 관심이 가다
· 내용이 과장되다
· N을/를 판단하다
· 불필요한 소비를 하다
· 허위 광고나 과장 광고도 많다

· -지 않도록 주의하다
· -도록 하는 것이 중요하다

❹ 종합 쓰기 연습

01. 미션(Mission)을 수행하면서 예시 글을 분석해 보십시오.

`구성 및 표현력 UP`

— [예시 글] —

※ [54] 다음을 주제로 하여 자신의 생각을 600-700자로 글을 쓰십시오. (50점)

> 리더는 구성원들에게 큰 영향을 미친다. 리더의 능력에 따라 일하는 분위기나 팀의 성과가 달라질 수 있기 때문이다. 그래서 리더는 팀을 이끌어 갈 수 있는 능력을 갖춰야 하고 팀을 위해서 어떻게 하는 것이 좋은지 항상 고민해야 한다. 아래의 내용을 중심으로 '리더의 조건'에 대한 자신의 생각을 쓰라.
>
> • 리더의 역할은 왜 중요한가?
> • 리더가 갖추어야 할 조건은 무엇인가?
> • 리더가 경계해야 할 점은 무엇인가?

많은 사람들이 같이 일을 하다 보면 의견이 달라서 갈등이 생길 때가 있다. 그러면 팀워크에 문제가 생기고 일의 효율이 떨어진다. 리더는 그런 갈등을 해결하는 역할을 하기 때문에 중요하다. 또한 예상하지 못한 위기가 찾아왔을 때도 리더의 대처 능력은 중요하다. 위기 상황에서는 문제의 원인을 정확하게 파악해서 최선의 방안이 무엇인지 판단해야 한다.

이처럼 리더는 어려운 문제에 부딪혔을 때 중요한 결정을 내리는 사람이다. 따라서 무엇보다 정확한 판단력을 가져야 한다. 그래야 시행착오를 줄이고 공동의 목표를 달성할 수 있다. 또한 리더는 소통 능력이 있어야 한다. 구성원들의 의견을 잘 듣지 않으면 상황을 잘 파악할 수 없기 때문에 올바른 결정을 내리기 어렵다.

그러므로 리더는 충분한 소통 없이 독단적으로 의사 결정을 하지 않도록 주의해야 한다. 다른 사람들과 소통하지 않으면 자신의 생각에 더욱 확신을 갖게 되고, 그것은 잘못된 결정으로 이어져서 많은 사람들에게 피해를 주게 된다. 그리고 리더는 성과 우선주의에 빠지지 않도록 조심해야 한다. 물론 큰 성과를 내는 것도 중요하지만 지나치게 성과만 중시하면 피로감이 커지고 장기적으로는 구성원들이 능력을 제대로 발휘하기 어려워진다.

(611자)

미션 mission

① 각 단락의 중심 문장에 ____ 표시하세요.

② '그러면, 또한, 이처럼, 그래야, 그러므로, 그리고, 물론'을 찾아서 ____ 표시하세요.

③ 이런[이러한] N, 그런[그러한] N에 ____ 표시하세요

④ ████에 쓰세요.
• N을/를 잘 듣다 ≒N에 귀를 기울이다
• 피로감이 커지다 ≒피로감이 쌓이게 되다

⑤ 모르는 어휘와 표현을 찾아서 정리해 보세요.

02. 앞의 '리더의 조건'에 대한 글을 원고지에 옮겨 써 보십시오.

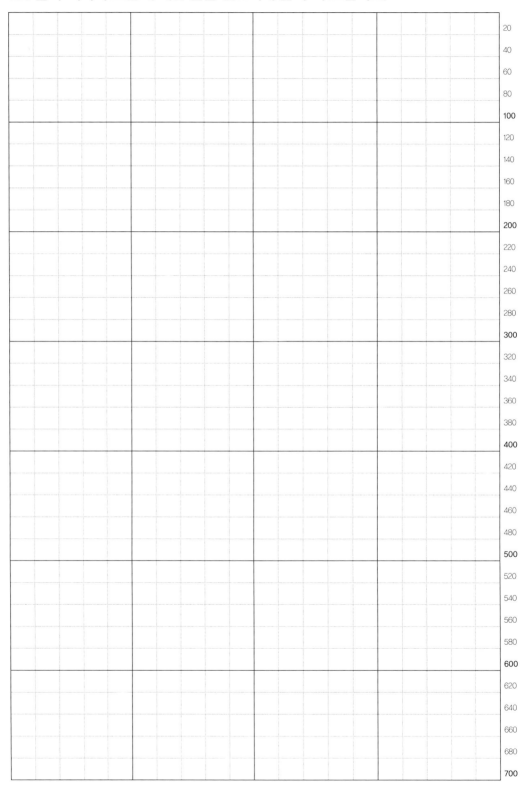

03. 써 보십시오.

※ [54] 다음을 주제로 하여 자신의 생각을 600~700자로 글을 쓰십시오. (50점)

> 요즘은 학교에 가지 않아도 인터넷에 접속해 수업을 들을 수 있다. 특히 교사와 학생들이 같은 시간에 온라인에서 만나 수업을 하는 '실시간 온라인 수업'을 하는 곳이 적지 않다. 그러나 실시간 온라인 수업에는 장점뿐만 아니라 단점도 있기 때문에 온라인 수업을 효과적으로 듣기 위한 노력이 필요하다. 아래의 내용을 중심으로 '실시간 온라인 수업의 장단점'에 대한 자신의 생각을 쓰라.

- 실시간 온라인 수업의 장점은 무엇인가?
- 실시간 온라인 수업의 단점은 무엇인가?
- 그러한 단점을 줄이기 위해 어떤 노력을 해야 하는가?

*실시간 온라인 수업: 정해진 시간에 교사와 학생이 온라인에서 만나 얼굴을 보면서 하는 수업

PART 3

1. 역할 쓰기

2. 방법 쓰기

3. 선택 쓰기

4. 경우 쓰기

5. 특징 쓰기

6. 종합 쓰기 연습

III 과제별 쓰기 · PART 3

❶ 역할 쓰기

가. 준비하기

▶ '역할' 관련 과제를 쓸 때 어떤 내용을 써야 할까요?

 학교, 병원과 같은 기관이나 교사, 의사와 같은 직업을 가진 사람들이 우리 사회에서 해야 하는 일을 '역할'이라고 합니다. 모두 자신이 해야 하는 역할이 있습니다. 역할에 대해 쓸 때는 그것이 어떤 일을 하는지, 그 일이 사람들에게 또는 사회에 어떤 도움을 주는지 생각해 봐야 합니다.

▶ 어떤 표현을 쓰는 것이 좋을까요?

- N은 −는 역할을 하다   예 군인은 나라를 지키고 사람들을 보호하는 역할을 한다.
- N의 역할은 N이다/−는 것이다   예 신문의 역할은 가치 있는 정보를 전달하는 것이다.
- N은 −도록 −아/어 주다   예 교사는 학생들에게 필요한 내용을 이해하기 쉽도록 가르쳐 준다.

나. 문제 유형 확인하기

01. 역할 ↦ 방법

동기는 어떤 것을 스스로 하고 싶게 하는 힘이다. 그래서 동기가 있으면 공부를 더 잘할 수 있다. 흥미나 만족감 혹은 칭찬이나 보상과 같은 것은 좋은 학습 동기가 된다. 아래의 내용을 중심으로 '학습 동기의 역할'에 대한 자신의 생각을 쓰라.

- V   • 공부를 할 때, 학습 동기는 어떤 역할을 하는가?
    • 학습 동기를 가지도록 하는 효과적인 방법은 무엇인가?

02. [역할] ↦ 조건 ↦ 방법

사람들은 피로와 스트레스를 풀기 위해 푹 쉬고 싶어 한다. 일을 더 잘하기 위해서는 잘 쉬는 것도 중요하기 때문이다. 그러나 잘못된 휴식은 오히려 사람을 더 피곤하게 만든다. 아래의 내용을 중심으로 '휴식의 역할과 조건'에 대한 자신의 생각을 쓰라.

∨　• 휴식은 우리 삶에서 어떤 역할을 하는가?
　　• 좋은 휴식을 위해 필요한 조건은 무엇인가?
　　• 진정한 휴식을 위한 방법으로 어떤 것이 있는가?

다. 수준별 연습하기 1

과제 | 학습 동기의 역할은 무엇인가?

중급

공부를 시작할 때 학습 동기는 중요한 역할을 한다. 학습 동기가 있으면 시키지 않아도 스스로 공부한다. 공부해야 하는 이유를 잘 알기 때문이다. 반대로 학습 동기가 부족하면 **왜 공부해야 하는지 모르기 때문에** 공부에 대한 의욕이 떨어진다. 또한 동기는 힘든 과정도 참을 수 있**도록 해 준다.** 공부를 하다 보면 포기하고 싶을 때가 있다. 그러나 자신의 내면에 강한 동기가 있다면 목표를 이룰 때까지 계속 노력할 수 있다.

(235자)

> **표현**
> • N은/는 중요한 역할을 하다
> • 왜[어디에서, 언제 등] V−는지 모르다
> • N은/는 −도록 −아/어 주다
> • N에 대한 의욕이 떨어지다
> • V−다 보면 −(으)ㄹ 때가 있다
> • 목표를 이루다

• 이 부분은 '학습 동기가 부족하면 공부해야 하는 이유를 모르기 때문에'로 바꿔 쓸 수 있습니다. 같은 말도 이 렇게 다르게 표현할 수 있습니다.

• 동기는 힘든 과정도 참을 수 있다. (×) → 이 문장은 왜 틀릴까요? 주어가 '동기'인데, '동기'가 참는 것이 아닙니다. 주어와 서술어가 어울리지 않습니다. 동기 덕분에 사람이 힘든 과정을 참는 것입니다. 이럴 때 '−도 록 −아/어 주다'를 사용합니다.

01. 제시된 표현을 이용해 문장을 만들어 보십시오.

문장의 정확성 UP

확인하기

1) 동기 / 힘든 과정 / ❓ / 해 주다

➡

2) 학습 동기 / 부족하다 / 왜 공부해야 하다 / ❓ / 공부에 대한 의욕 / ❓

➡

연습하기

3) **주제** 교사의 역할 **내용** 교사 / 학생들 / 공부하는 재미 / 느끼다 / 이끌어주다 / 역할 / 하다

➡ 교사는 학생들이 공부하는 재미를 느낄 수 있도록 이끌어 주는 역할을 한다.

4) **주제** 인터넷 뉴스의 역할 **내용** 인터넷 뉴스/새로운 소식/정보/신속하다/전달해주다/역할/하다

➡

라. 수준별 연습하기 2

과제 학습 동기의 역할은 무엇인가?

고급

　공부를 시작할 때 학습 동기는 중요한 역할을 한다. **흥미, 만족감과 같은 학습 동기**는 자발적으로 그 일을 하도록 하기 때문이다. 그래서 학습 동기가 부족하면 배우고 싶지 않은 것을 마지못해 하게 되므로 학습 효과도 떨어진다. 또한 동기는 힘든 과정을 참고 **이겨 낼 수 있도록** 해 준다. 공부를 하다 보면 체력적으로나 심리적으로 지쳐서 포기하고 싶을 때가 있다. 그러나 자신의 내면에 강한 동기가 있다면 목표를 성취할 때까지 꾸준히 공부를 해 나갈 수 있다. (256자)

표현

- N과/와 같은 N
- V-아/어 내다
  - **예** 이겨 내다, 극복해 내다
- N적으로나 N적으로
- 자발적으로 하다
- V-아/어 나가다
  - **예** 미래를 준비해 나가다
- N은/는 중요한 역할을 하다
- 마지못해 하다

• N1과/와 같은 N2: N2의 대표적인 예나 종류를 N1에 써 주면 됩니다.
　예 등산, 수영과 같은 운동은 다이어트에 효과적이고 요가, 스쿼트와 같은 운동은 근육을 키우기에 좋다.
• V-아/어 내다: 어떤 일을 힘들게 이룰 때 사용합니다.
　예 시련을 이기고 마침내 꿈을 이루어 냈다.

01. 써 보십시오.

쓰기 실력 UP

과제	회의의 역할은 무엇인가?
	• 정보 공유를 통해 신속하게 의사결정을 하게 함 　•

❷ 방법 쓰기

가. 준비하기

▶ '방법' 관련 과제를 쓸 때 어떤 내용을 써야 할까요?

 　　그것을 하는 방법에는 여러 가지가 있습니다. 우선 그 방법을 순서대로 혹은 단계별로 자세히 쓸 수 있습니다. 또는 기준을 하나 정해서 그 기준에 따라 종류를 나누어서 쓸 수도 있습니다. 글의 흐름에 맞게 선택하세요.

▶ 어떤 표현을 쓰는 것이 좋을까요?

- –는 방법에 N이 있다　　예 봉사 활동을 하는 방법에는 모금 운동, 자선 바자회 참여 등이 있다.
- N에 따라 나누어 볼 수 있다　　예 여행의 방법은 목적에 따라 휴식형, 체험형으로 나누어 볼 수 있다.
- N을 통해 –(으)면 되다　　예 어려운 청소년을 돕고 싶다면 기부 단체를 통해 후원금을 내면 된다.

나. 문제 유형 확인하기

01. 장점 ↔ 방법

　　세계화 시대가 되면서 외국어를 배우는 사람이 더 많아졌다. 외국어는 어떻게 공부하느냐에 따라 실력 차이가 많이 나기 때문에 효과적인 방법을 찾는 것이 중요하다. 아래의 내용을 중심으로 '효과적인 외국어 학습 방법'에 대한 자신의 생각을 쓰라.

　　　　　　• 외국어를 배우면 좋은 점은 무엇인가?
　∨　　• 외국어를 효과적으로 학습할 수 있는 방법은 무엇인가?

02. 이유 ↦ 방법 ↦ 방안

봉사 활동이란 다른 사람이나 사회를 위해 대가 없이 하는 활동으로 우리 사회에 꼭 필요한 것이다. 봉사 활동을 하는 방법에는 여러 가지가 있다. 아래의 내용을 중심으로 '봉사 활동의 필요성과 방법'에 대한 자신의 생각을 쓰라.

- 봉사 활동이 필요한 이유는 무엇인가?
∨ ・봉사 활동을 하는 방법에는 어떤 것이 있는가?
- 봉사 활동 참여율을 높이기 위해서는 어떤 노력이 필요한가?

다. 수준별 연습하기 1

> **과제** 외국어를 효과적으로 공부하는 방법은 무엇인가?

중급

외국어를 잘하기 위해서는 그 언어로 된 드라마나 영화를 많이 보는 것이 좋다. 등장인물들의 대화를 들으면서 생활 속에서 많이 사용하는 표현을 배울 수 있기 때문이다. 그런데 이때 효과적인 방법이 있다. 먼저 자신이 좋아하는 장르를 골라야 한다. 학습을 위해서는 영상물을 **반복해서 봐야** 하는데 좋아하는 장르는 여러 번 봐도 싫증이 덜 나기 때문이다. 다음으로 자막을 활용해야 한다. 처음에는 번역 자막을 보고 나중에는 자막 없이 영상물을 보는 것이 좋다. **이렇게 하면** 자연스럽게 외국어 표현을 **익힐 수 있다.**

(284자)

표현

- V-아/어서 (방법)
- 처음에는~ 나중에는~
- 효과적인 방법이 있다
- 싫증이 (덜/더) 나다
- 이렇게 하면 -(으)ㄹ 수 있다 / -게 되다
- N을/를 익히다
- N을/를 활용하다

- 'V-아/어서'의 의미에는 ① 이유 ② 순서 ③ 방법이 있습니다. '반복해서 보다'에서 '-아/어서'는 ③의 의미로 쓴 것입니다.
  예 아주 집중해서 책을 읽었다. ※ 집중하게(X), 반복하게(X)
- 비교, 대조할 때 'N은/는'을 써 주면 좋습니다.
  예 예전에는 한국어를 잘 못했는데 요즘에는 실력이 많이 좋아졌다.
- '**방법** + 이렇게 하면 + **결과**'. 이런 구조로 글을 한번 써 보세요.

01. 제시된 표현을 이용해 문장을 만들어 보십시오.

확인하기

1) 등장인물들의 대화 / 듣다 / 생활 속 / 많이 / [?] / 표현 / 배울 수 있다 / 때문이다

→ _____

2) 처음 / 번역 자막 / 보다 / 나중 / [?] / 영상물 / 보다 / 좋다

→ _____

연습하기

3) **주제** 글을 잘 쓰는 법 **내용** 개인 블로그 / SNS / 날마다 / 글 / 쓰다 / 좋다

→ _____

4) **주제** 여행의 방법 **내용** 여행의 목적 / 따라서 / 휴식형 여행 / 체험형 여행 / 선택할 수 있다

→ _____

라. 수준별 연습하기 2

과제 외국어를 효과적으로 공부하는 방법은 무엇인가?

고급

　효과적인 외국어 학습법으로 드라마나 영화 시청**만한 것이 없다.** 등장인물들의 대화를 통해 실생활에서 많이 쓰이는 표현을 접할 수 있기 때문이다. 그런데 **무작정 많이 보기만 해서는** 실력이 늘지 않는다. 학습을 목적으로 영상물을 볼 때는 자신이 가장 좋아하는 것 하나를 선택해 반복해서 보는 것이 좋다. 그리고 처음에는 모국어로 번역된 자막을 보면서 내용을 이해하고, 이후에는 외국어 자막만 켜고 보면 된다. 이 과정을 반복하면 자막 없이도 대사를 다 알아들을 수 있을 정도로 실력이 향상될 것이다.　　　　　　　　　　　　　　　　　　　　　(278자)

표현

- N(으)로 N만한 것이 없다
- N을/를 통해 V-(으)ㄹ 수 있다
- 실력이 향상되다
- 무작정 V-아/어서는 안 되다
- N 없이
- V-(으)ㄹ 정도로

- 'N만한 것이 없다'는 예를 들 때 사용합니다. '여러 가지 중에서 N만큼 좋은 것이 없다'라는 의미로 쓸 수 있습니다.
  예 스트레스 해소 방법으로 여행만한 것이 없다.
- '-아/어서는 안 되다'는 '-(으)면 안 되다' 표현으로 바꿔 쓸 수 있습니다.
  예 무작정 많이 보기만 해서는 안 된다. = 무작정 많이 보기만 하면 안 된다.

01. 써 보십시오.

쓰기 실력 UP

과제	**기부하는 방법에는 어떤 것이 있는가?**
	• 기부 단체를 통해 물품이나 후원금 지원 •

③ 선택 쓰기

가. 준비하기

▶ '선택' 관련 과제를 쓸 때 어떤 내용을 써야 할까요?

      그것에 대해 찬성하는지, 반대하는지 입장을 정해서 써야 합니다. 그리고 왜 그렇게 생각하는지 근거를 제시해야 합니다. 이때 나와 다른 입장을 가진 사람들은 어떤 근거를 들지 고려하면, 글을 더 잘 쓸 수 있습니다.

▶ 어떤 표현을 쓰는 것이 좋을까요?

- N에 찬성하다[반대하다]   예 나는 동물 실험에 찬성한다.
- N에 찬성하는[반대하는] 입장이다   예 나는 조기 교육에 반대하는 입장이다.
- 물론 −다는 주장도 있다   예 물론 조기 교육이 재능을 빨리 찾도록 도와준다는 주장도 있다.

나. 문제 유형 확인하기

01. 장점 ⤙⤚ 단점 ⤙⤚ 선택

동물도 인간과 똑같이 소중하게 대해야 한다는 인식이 생기면서 동물원이 꼭 필요한가에 대한 논란이 생기기 시작했다. 그런데 동물을 위해서 동물원을 폐지해야 한다는 주장도 있고 폐지하면 안 된다는 주장도 있다. 아래의 내용을 중심으로 '동물원의 장점과 문제점'에 대한 자신의 생각을 쓰라.

- 동물원의 장점은 무엇인가?
- 동물원의 단점은 무엇인가?
- ∨ 동물원 폐지에 찬성하는가, 반대하는가?

02. 장점 ⊶ 문제점 ⊶ 선택

요즘 많은 회사들이 결과에 따라 직원들에게 보상을 해 주는 제도를 시행하고 있다. 결과가 좋으면 월급 인상 등 여러 가지 혜택을 주는 이런 제도는 장점도 있지만 문제점도 있다. 아래의 내용을 중심으로 '결과에 따른 보상제도의 장단점'에 대한 자신의 생각을 쓰라.

- 결과에 따른 보상제도의 장점은 무엇인가?
- 결과에 따른 보상제도의 문제점은 무엇인가?
- √ 결과에 따른 보상제도에 찬성하는가, 반대하는가?

다. 수준별 연습하기 1

과제 동물원 폐지에 찬성하는가, 반대하는가?

중급

나는 동물원 폐지에 반대한다. 기후 변화, 무분별한 개발 등으로 사라질 위기에 있는 **동물들이 많아지고 있는데다가** 인터넷을 통해 불법으로 동물을 사고 파는 사람들까지 늘고 있기 때문이다. 동물들을 안전하게 보호하는 동물원의 역할이 **그 어느 때보다도** 중요해진 것이다. 물론 좁은 동물원에 갇힌 동물들 중에는 스트레스로 이상한 행동을 **하는 경우도 있다.** 그러나 이런 문제는 동물원을 크게 만들고 시설을 좋게 바꾸면 해결할 수 있지만 지구에 얼마 남지 않은 동물들은 자연에 그대로 두면 다시 볼 수 없을지도 모른다.　　　　　　　　　　　　　　　　(286자)

표현

- (나는) N에 반대하다
- 물론 V−는 경우도 있다
- A−(으)ㄴ데다가 / V−는데다가
- A/V−(으)ㄹ지도 모르다
- V−(으)ㄹ 위기에 있다
- 그 어느 때보다도
- (수량, 시간 등) 얼마 남지 않다
- N에 갇히다

- '동물원 폐지에 반대한다'는 '동물원을 폐지하면 안 된다고 생각한다'로 바꿔 쓸 수 있습니다.
- 'A−(으)ㄴ데다가 / V−는데다가'는 '−(으)ㄹ 뿐만 아니라'로 바꿔 쓸 수 있습니다. 단, 앞 문장에 긍정적인 내용이 오면 뒷 문장에도 긍정적인 내용이 오고, 앞 문장에 부정적인 내용이 오면 뒤 문장에도 부정적인 내용이 와야 자연스럽습니다.
- '그 어느 때보다'는 '이전보다 훨씬 더'라는 뜻입니다. 위의 글에서는 동물원의 역할이 예전보다 더 중요해졌다는 것을 강조하기 위해 사용했습니다.

01. 제시된 표현을 이용해 문장을 만들어 보십시오.

확인하기

1) 기후 변화, 무분별한 개발 등 / 사라질 위기 / ? / 동물들 / 많아지고 있다

➡

2) 동물들 / 안전하게 ? / 동물원의 역할 / 그 어느 때보다 / 중요해지다

➡

연습하기

3) **주제** 원자력 발전소 폐지   **내용** 원자력 발전소 / 안전성 / 떨어지다 / 폐지하다

➡

4) **주제** 안락사 허용   **내용**   ?

➡

라. 수준별 연습하기 2

과제 동물원 폐지에 찬성하는가, 반대하는가?

고급

　나는 동물원 폐지에 반대하는 입장이다. 동물원은 멸종 위기에 처한 동물을 보호해 주기 때문이다. **무분별한 개발과 환경오염으로 인해 동물의 개체 수는 날이 갈수록 급감하고 있다.** 게다가 인터넷을 통한 불법 거래도 늘고 있어 동물들은 더욱 위험한 상황에 처했다. 물론 좁은 동물원에 갇히면 자유를 잃고 고통받게 되므로 동물원을 **폐지해야 한다는 주장에도 일리가 있다.** 그러나 이런 문제는 동물원을 넓히고 환경을 개선하면 되지만 멸종 위기 동물은 동물원 밖이 더욱 위험할 수 있다.

(268자)

표현

- N에 반대하는 입장이다
- 날이 갈수록 -고 있다
- 멸종 위기에 처하다
- A-다는/ V-ㄴ/는다는 / N(이)라는 주장에도 일리가 있다
- 개체 수가 급감하다[↔급증하다]
- 환경을 개선하다

• 나와 다른 입장의 근거를 말할 때는 '-다는 주장에도 일리가 있다', '-다는 반론도 있다', '-다는 반박이 있을 수 있다.'와 같은 표현을 사용하면 됩니다.

　　예 ~동물들이 고통 받기 때문에 동물원을 폐지해야 한다는 <u>반론도 있다.</u>

　　　　~동물들이 고통 받는다는 <u>반박(반대 주장)이 있을 수 있다.</u>

• 위와 같이 나와 다른 입장의 근거를 쓰고 그것을 다시 반박하면, 더 설득력 있는 글을 쓸 수 있습니다.

01. 써 보십시오.

쓰기 실력 UP

> **과제**　결과에 따른 보상 제도에 찬성하는가, 반대하는가?
>
> 　반대 :　• 결과만 좋으면 된다고 생각하는 사람이 많아짐
>
> 　　　　　•

④ 경우 쓰기

가. 준비하기

▶ '경우' 관련 과제를 쓸 때 어떤 내용을 써야 할까요?

 　　그것은 언제 필요합니까? 혹은 무엇을 할 때 그런 일이 생깁니까? 먼저 여러분이 지금까지 듣거나 보았던 다양한 경험을 떠올려 보세요. 이때, 한 사람에게만 일어날 수 있는 특별한 상황이 아니라 누구에게나 일어날 만한 상황을 제시해야 합니다.

▶ 어떤 표현을 쓰는 것이 좋을까요?

- −(으)ㄹ 때 필요하다　　예 혼자서 문제를 해결하기 어려울 때 조언이 필요하다.
- −(으)ㄴ 경우에 필요하다　　예 자연재해로 사람이 구조 활동을 하기 어려운 경우에 드론이 필요하다.
- −(으)면 −(으)ㄹ 수 있다　　예 건강을 잃으면 일을 못해서 경제적으로 어려워질 수 있다.

나. 문제 유형 확인하기

01. (경우)　•－•　태도 1　•－•　태도 2

　　살다 보면 다른 사람의 조언이 필요할 때도 있고, 다른 사람에게 조언을 해 줘야 할 때도 있다. 그런데 아무리 좋은 조언이라도 듣는 태도나 말하는 태도에 따라 의도와 다른 결과가 나타날 수도 있다. 아래의 내용을 중심으로 '조언이 필요한 경우'에 대한 자신의 생각을 쓰라.

　　∨　• 조언은 언제 필요한가?
　　　　• 조언을 들을 때 필요한 태도는 무엇인가?
　　　　• 조언을 해 줄 때 필요한 태도는 무엇인가?

02. 경우 ┈┈ 문제점 ┈┈ 방안

평균 수명이 늘어남에 따라 노인 인구도 증가하고 있다. 그러나 노인들은 경제적으로나 심리적으로 어려움을 겪는 경우가 많아서 우리 사회의 관심과 도움을 필요로 한다. 아래의 내용을 중심으로 '노인들이 겪는 어려움'에 대한 자신의 생각을 쓰라.

∨ • 노인들은 어떤 경우에 어려움을 겪는가?
   • 어려움을 겪는 노인들이 많아지면 어떤 문제가 생기는가?
   • 노인 문제를 해결하기 위해 어떤 노력이 필요한가?

다. 수준별 연습하기 1

과제 조언은 언제 필요한가?

중급

조언은 **언제 필요할까?** 문제가 생겼는데 혼자서는 해결책을 찾기 어려울 때 다른 사람의 조언이 필요하다. 특히 어떤 일을 처음 시작할 때는 모르는 것이 많으므로 나보다 경험이 많고 잘 아는 사람의 조언이 도움이 될 수 있다. **예를 들어** 신입 사원은 업무 처리가 어려울 때 상사의 조언을 들어야 하고, 학생은 논문을 쓸 때 교수님의 조언이 필요하다. 실수를 줄이기 위해 경험자에게 조언을 구해야 할 때도 있다. 만약 AI 개발자가 되고 싶다면 그 분야에서 일하고 있는 사람들의 조언이 큰 힘이 될 것이다. (282자)

표현

• 언제 –(으)ㄹ까?
• 해결책을 찾다
• 조언을 듣다
• (N에게) 조언을 구하다
• 업무 처리가 어렵다
• 실수를 줄이다
• 만약 –다면
• N이/가 되고 싶다
• N이/가 힘이 되다

 • 의문문을 문어체로 쓸 때: 'A/V-(으)ㄹ까?', 'A-(으)ㄴ가? / V-는가?'
   예 언제 조언이 필요할까? (O) / 언제 조언이 필요한가? (O) / 언제 조언이 필요합니까? (×)
• '예를 들어'는 '예를 들면', '이를테면', '가령'과 바꿔 쓸 수 있습니다. 다양하게 표현해 보세요.

01. 제시된 표현을 이용해 문장을 만들어 보십시오. 문장의 정확성 UP

확인하기

1) 실수 / ❓ / 경험자 / 조언 / 구해야 할 때 / 있다

→

2) 만약 / AI 개발자 / ❓ / 그 분야 / 일하고 있는 사람들의 조언 / ❓ / 되다

→

연습하기

3) **주제** 공감 능력이 필요한 경우   **내용** 고민 / 들어주다 / 위로 / 해 주다 / 공감 능력 / 필요하다

→

4) **주제** 후회하는 경우   **내용** 사람 / 인생 / 잘못된 선택 / 나쁜 결과 / 나왔을 때 / 후회하다

→

라. 수준별 연습하기 2

과제   조언은 언제 필요한가?

고급

　살다 보면 혼자 힘으로는 해결하기 어려운 문제에 부딪힐 때가 있다. **특히** 경험이 부족하고 방법을 잘 몰라서 문제가 생긴 경우에는 풍부한 경험과 전문 지식을 갖춘 사람의 조언이 필요하다. 업무 처리가 미숙한 신입 사원은 상사에게 조언을 구하고, 논문을 쓰는 학생은 교수에게 조언을 요청하면 문제 해결의 지름길을 찾을 수 있다. 또한 시행착오를 피하기 위해 경험자에게 조언을 구해야 할 때도 있다. 만일 AI 개발자의 길을 **가고자 한다면** 그 분야에 종사하고 있는 사람들의 조언이 큰 도움이 **될 것이다.**

(279자)

표현

- 어려움에 부딪히다
- 전문 지식을 갖추다
- 조언을 요청하다
- 문제 해결의 지름길을 찾다
- N에 종사하다
- 시행착오를 피하다
- N의 길을 가고자 하다
- A–다면 / V–(으)ㄴ다면
  /–는다면 –(으)ㄹ 것이다

• '특히(especially)'를 어떤 경우에 사용하는지 잘 보시기 바랍니다. '특히'는 '보통과 다르게'라는 뜻인데, 여러 가지 중에서 하나를 강조해서 설명할 때 사용합니다. 이 경우 '특별히(specially)'로 쓰지 않도록 주의하시기 바랍니다.
• '-고자 하다': '의도' 혹은 '목적'을 나타내며 '-(으)려고 하다'와 바꿔 쓸 수 있습니다.
• 호응에 주의하세요. '-다면 -(으)ㄹ 것이다', '-다면 -(으)ㄹ 수 있다'로 많이 사용합니다.
  예 비가 온다면 등산을 가지 않을 것이다. (○) / 비가 온다면 등산을 가지 않았다. (×)

01. 써 보십시오.

쓰기 실력 UP

> 과제 노인들은 어떤 경우에 어려움을 느끼는가?
> • 병에 걸렸을 때　　• 경제적인 여유가 없을 때　　•

❺ 특징 쓰기

가. 준비하기

▶ '특징' 관련 과제를 쓸 때 어떤 내용을 써야 할까요?

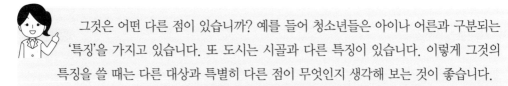

그것은 어떤 다른 점이 있습니까? 예를 들어 청소년들은 아이나 어른과 구분되는 '특징'을 가지고 있습니다. 또 도시는 시골과 다른 특징이 있습니다. 이렇게 그것의 특징을 쓸 때는 다른 대상과 특별히 다른 점이 무엇인지 생각해 보는 것이 좋습니다.

▶ 어떤 표현을 쓰는 것이 좋을까요?

• –다는 특징이 있다   예 대도시는 편의 시설과 문화 시설을 잘 갖추고 있다는 특징이 있다.

• N의 특징은 –다는 것이다   예 친환경 에너지의 특징은 환경을 오염시키지 않는다는 것이다.

• N의 특징 중의 하나이다   예 어떤 시기에 사용되다가 사라지는 것은 신조어의 특징 중의 하나이다.

나. 문제 유형 확인하기

01. 중요성 ↔ 특징 ↔ 방안

사람은 누구나 청소년기를 거쳐 어른이 된다. 아동에서 어른으로 넘어가는 이 시기에 많은 청소년들은 혼란과 방황을 겪으며 성장한다. 아래의 내용을 중심으로 '청소년기의 중요성'에 대한 자신의 생각을 쓰라.

- -

　　　　• 청소년기가 중요한 이유는 무엇인가?

∨　　• 청소년들은 이 시기에 주로 어떤 특징을 보이는가?

　　　　• 청소년의 올바른 성장을 돕기 위해 어떤 노력이 필요한가?

〈TOPIK 64회 기출〉

02. **특징** ┅ 문제점 ┅ 방안

나라마다 그 나라를 대표하는 큰 도시들이 있는데 그런 대도시들은 정치, 경제, 문화적으로 중요한 역할을 한다. 그러나 인구 집중으로 인해 환경 문제, 주택 문제 등 해결해야 할 과제들이 많은 것도 사실이다. 아래의 내용을 중심으로 '살기 좋은 대도시를 만드는 법'에 대한 자신의 생각을 쓰라.

∨ • 대도시의 특징은 무엇인가?
  • 인구 집중으로 인해 발생하는 대도시의 문제점은 무엇인가?
  • 살기 좋은 대도시를 만들기 위해 어떻게 해야 하는가?

다. 수준별 연습하기 1

과제 청소년들은 이 시기에 주로 어떤 특징을 보이는가?

중급

청소년기는 아이에서 어른으로 성장해 가는 시기이다. 이 시기의 청소년들은 자신이 누구인지, 어떻게 살고 싶은지에 대해 고민하면서 자기 자신에 대해 알려고 한다. 그러나 **그 과정에서** 막연한 불안감에 괴로워하기도 하고, 자기 생각을 강하게 주장하다가 어른들과 심하게 다투기도 한다. 청소년기에는 가치관이 분명하지 않기 때문에 주변 환경의 영향을 많이 받**는다는 특징도 있다.** 특히 친한 친구에게서 영향을 많이 받고 유행에도 민감하게 반응한다. (245자)

> **표현**
> • A-(으)ㄴ지 / V-는지에 대해 고민하다
> • V-기도 하다
> • 막연한 불안감에 괴로워하다
> • 가치관이 분명하지 않다
> • N과/와 심하게 다투다
> • A-다는/ V-는다는 /N(이) 라는 특징이 있다
> • N에게서 영향을 받다
> • N에 민감하게 반응하다

• '그 과정에서'는 무엇을 가리키는 것일까요? 바로 앞 내용인 '자기 자신에 대해 고민하고 알아가는 단계'를 가리킵니다. 만약 '그 과정에서'로 쓰지 않고 앞 내용을 다시 쓰면 문장이 너무 길어집니다. 같은 말을 다시 쓸 필요도 없습니다. 이럴 때 '그 N', '이 N'를 사용해서 앞의 내용을 지시해 주면 좋습니다.
• '그리고'라는 접속어를 사용하지 않고도 'N도'를 써 줌으로써 새로운 내용이 추가되었음을 표현했습니다.
 예 청소년기에는 주변 환경의 영향을 많이 받는다는 특징도 있다.
 예 재택근무를 하면 출퇴근 시간뿐만 아니라 교통비를 아낄 수 있다는 장점도 있다.

01. 제시된 표현을 이용해 문장을 만들어 보십시오.

문장의 정확성 UP

확인하기

1) 청소년기 / 아이 / 어른 / 성장해 가다 / ?

→

2) 청소년기 / 가치관 / ? / 주변 환경의 영향 / 많이 / 받다 / 특징 / 있다

→

연습하기

3) **주제** 정보화 사회의 특징　　　**내용** 정보화 사회 / 지식과 정보의 활용 / 성공의 바탕 / 되다

→

4) **주제** 인터넷 신조어의 특징　　　**내용**　　　　　　　?

→

라. 수준별 연습하기 2

과제　청소년들은 이 시기에 주로 어떤 특징을 보이는가?

고급

　청소년기는 아동기에서 성인기로 넘어가는 시기로 한 사람의 정체성이 형성되는 아주 중요한 때이다. 이 시기의 청소년들은 나는 누구인가, 어떤 삶을 살고 싶은가 등에 대해 깊이 고민하면서 **가치관을 확립해 간다.** 그러나 진로 고민, 부모나 교사와의 의견 차이 등으로 내적 갈등이 커지면서 정서적으로 불안정한 모습을 보이기도 한다. 아직 가치관이 확립되지 않은 탓에 주변 환경의 영향을 크게 받는 것도 청소년기에 나타나는 **특징 중의 하나이다.** 특히 또래 집단의 영향을 많이 받으며 기성세대에게는 반항심을 가지고 거칠게 행동하기도 한다.　　　　　(296자)

표현

- V-아/어 가다
- 내적 갈등이 커지다
- -는 것도 특징 중(의) 하나이다
- V-(으)ㄴ 탓에
- 가치관이 확립되다
- 정체성이 형성되다
- N에게 반항심을 가지다

• 'V-아/어 가다' : 행동, 상태 변화가 계속 진행됨

　　　　예 일을 다 해 간다.　　　**예** 숙제가 끝나 간다.

• 글을 쓸 때 조사에 주의하세요.

N이/가	형성되다	확립되다	예상되다	악화되다	향상되다	발생하다
N을/를	형성하다	확립하다	예상하다	악화시키다	향상시키다	발생시키다

01. 써 보십시오.

쓰기 실력 **UP**

과제	**대도시의 특징은 무엇인가?**
	• 인구가 밀집되어 있음　　•

⑥ 종합 쓰기 연습

01. 미션(Mission)을 수행하면서 예시 글을 분석해 보십시오.

구성 및 표현력 UP

─── [예시 글] ───

※ [54] 다음을 주제로 하여 자신의 생각을 600~700자로 글을 쓰십시오. (50점)

> 성 역할 고정관념이란 남자와 여자의 역할이 정해져 있다고 생각하는 것을 말한다. 이러한 고정관념은 주로 환경적인 요인에 의해 생기는데 이로 인해 자신의 능력을 제대로 발휘하지 못하는 경우도 있다. 아래의 내용을 중심으로 '성 역할 고정관념에서 벗어나는 방법'에 대해 자신의 생각을 쓰라.
>
> - 성 역할 고정관념에는 어떤 것이 있는가?
> - 성 역할 고정관념에 영향을 미치는 요인은 무엇인가?
> - 성 역할 고정관념에서 벗어나려면 어떤 노력이 필요한가?

성 역할에 대한 고정관념은 어제오늘의 일이 아니다. 그러한 고정관념의 예를 살펴보면, 남자는 강하고 독립적인 데 반해 여자는 약하고 의존적인 특성이 있다고 보는 것이 있다. 그래서 남자는 사회에 진출해 일을 하고 여자는 가정에서 집안일과 육아를 맡아서 해야 한다고 생각한다. 또 남자는 여자보다 힘이 세기 때문에 힘을 많이 쓰는 일은 남자가 해야 한다고 믿는다.

그렇다면 이러한 고정관념이 생기는 데 영향을 미치는 요인은 무엇일까? 먼저 대중 매체의 영향을 들 수 있다. 드라마나 광고에서 남자는 전문가로 나오고 여자는 주부로 나올 때가 많은데 이것은 남녀의 직업에 반영된 고정관념이라고 할 수 있다. 그래서 대중 매체를 자주 접하다 보면 자신도 모르게 성별에 따라 직업을 떠올리게 된다. 두 번째 요인으로는 교육 환경의 영향이 있다. 고정관념은 무의식적인 행동으로 나타날 때가 많기 때문에 교사나 부모의 고정관념이 말과 행동을 통해 아이들에게 전해질 수 있다.

이처럼 우리는 성 역할 고정관념이 생기기 쉬운 환경에서 살고 있기 때문에 여기에서 벗어나는 것은 여간 힘든 일이 아니다. 그러나 남녀의 역할은 정해진 것이 아니므로 그런 고정관념을 깰 수 있도록 노력해야 한다. 평소 대중 매체를 비판적으로 보려고 하고, 성인의 경우에는 아이들에게 잘못된 관념을 심어주지 않도록 항상 말과 행동을 신중하게 해야 할 것이다.

(684자)

미션 mission

① 각 단락의 중심 문장에 _____ 표시하세요.

② 문장과 문장, 단락과 단락을 연결하는 표현에 〈　〉표시하세요

③ 이런[이러한] N, 그런[그러한] N에 ﹏﹏표시하세요

④ ▧에 쓰세요.
- (일, 역할 등) 맡아서 하다 ≒ 담당하다
- 여간 힘든 일이 아니다 ≒ 아주 힘든 일이다

⑤ 모르는 어휘와 표현을 찾아서 정리해 보세요.

02. 앞의 '성 역할 고정관념에서 벗어나는 방법'에 대한 글을 원고지에 옮겨 써 보십시오.

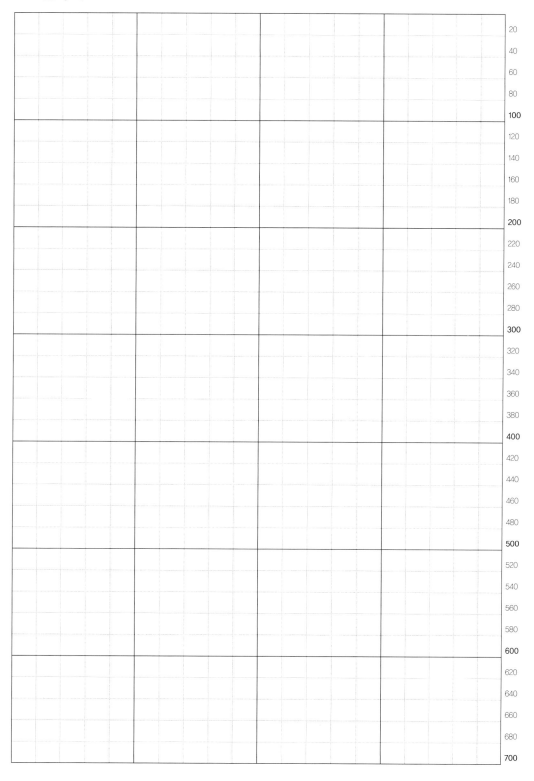

03. 써 보십시오.

※ [54] 다음을 주제로 하여 자신의 생각을 600−700자로 글을 쓰십시오. (50점)

사이버 공간은 인터넷을 통해 접속할 수 있는 보이지 않는 공간을 말한다. 여기에서 친구를 사귀기도 하고 모임을 가지기도 하는데 이때 사이버 공간에서의 예절을 지키지 않으면 문제가 생길 수 있다. 아래의 내용을 중심으로 '사이버 공간에서 지켜야 할 예절'에 대한 자신의 생각을 쓰라.

- 사이버 공간의 특징은 무엇인가?
- 사이버 공간에서 생길 수 있는 문제점은 무엇인가?
- 사이버 공간을 이용할 때 지켜야 할 예절은 무엇인가?

IV
실전
종합 연습

IV 실전 종합 연습 1 : 실제로 시험을 보는 것처럼 써 봅시다!

쓰기 전 주의 사항

1. 시간을 확인하면서 25-30분 안에 쓸 수 있도록 노력한다.
2. 실제 답안지에 써 보도록 한다. (※ 답안지는 뒤에 있습니다. 잘라서 쓰세요.)
3. 다 쓴 후에는 답지에 있는 예시 답안을 보면서 자신의 답안과 비교해 본다.
4. 쓰기에 자신이 없으면, 예시 답안을 따라 써 보면서 내용 구성과 표현을 연습해 본다.

1 　요즘 로봇은 물건을 생산하는 공장뿐만 아니라 재난 사고 현장, 노인 요양 시설 등에서 다양하게 쓰이고 있다. 이렇듯 로봇 시장이 확대됨으로써 다양한 분야에서 긍정적인 효과를 얻고 있지만 문제점도 나타나고 있다. 아래의 내용을 중심으로 '로봇 시장 확대의 긍정적 효과와 문제점'에 대한 자신의 생각을 쓰라.

- 로봇 시장이 확대됨으로써 얻을 수 있는 긍정적 효과는 무엇인가?
- 로봇 시장 확대로 인해 생길 수 있는 문제점은 무엇인가?
- 이러한 문제를 최소화할 수 있는 방안은 무엇인가?

2 　사람들이 먹고 마시고 입는 과정에서 발생하는 생활 쓰레기가 갈수록 늘고 있다. 이에 따라 환경을 걱정하는 목소리가 커지고 있지만 쓰레기는 크게 줄지 않고 있다. 그런데 버려지는 쓰레기 중에는 재활용할 수 있는 것들도 많다고 한다. 아래의 내용을 중심으로 '재활용의 필요성과 활성화 방안'에 대한 자신의 생각을 쓰라.

- 재활용은 왜 필요한가?
- 재활용이 잘 안 되는 이유는 무엇인가?
- 재활용을 활성화하기 위한 방안은 무엇인가?

3 　사람들은 일생 동안 가정, 학교, 직장 등에서 많은 사람들을 만나고 다양한 관계를 맺으면서 살아간다. 이때 '신뢰'는 중요한 역할을 한다. 신뢰를 잃게 되면 갈등이 생기기도 하고 심지어 관계가 깨지기도 한다. 아래의 내용을 중심으로 '신뢰의 중요성과 신뢰를 유지하는 방법'에 대한 자신의 생각을 쓰라.

- 인간관계에서 신뢰는 왜 중요한가?
- 신뢰를 잃었을 때 어떤 문제가 생기는가?
- 신뢰를 유지하기 위해 어떤 노력을 해야 하는가?

실전 종합 연습 2 : 실제로 시험을 보는 것처럼 써 봅시다!

① 　최근 여행을 하는 목적이나 방법이 점점 다양해지고 있다. 여행을 떠나는 사람들도 갈수록 늘어나 여행과 관련된 모든 것은 관광 산업으로 성장하고 있다. 그러나 이러한 관광 산업은 긍정적 측면도 있지만 부정적 측면도 있다. 아래의 내용을 중심으로 '관광 산업의 긍정적 측면과 부정적 측면'에 대한 자신의 생각을 쓰라.

- 관광 산업의 긍정적인 측면은 무엇인가?
- 부정적인 측면은 무엇인가?
- 관광 산업의 바람직한 방향은 무엇인가?

② 　돈을 쓰는 것은 돈을 버는 것만큼 중요하다. 소비의 기준은 사람마다 다르지만 소비를 잘해야 자신의 삶을 원하는 방향으로 이끌어 갈 수 있다. 그래서 사람들은 소비를 할 때 여러 가지 사항을 고려하게 된다. 아래의 내용을 중심으로 '바람직한 소비 생활'에 대한 자신의 생각을 쓰라.

- 소비 생활을 할 때 고려해야 할 사항은 무엇인가?
- 이것을 고려하지 않았을 때 어떤 문제가 생길 수 있는가?
- 바람직한 소비 생활을 실천하기 위해 어떤 노력을 해야 하는가?

③ 　차별이란 둘 이상의 대상에 차이를 두고 불평등하게 대하는 것을 말한다. 어떤 사람들은 단지 차이가 난다는 이유만으로 소외당하거나 어려움을 겪기도 한다. 이러한 차별은 어디에나 있으며 심해지면 사회적인 문제가 된다. 아래의 내용을 중심으로 '차별의 문제점과 해결 방안'에 대한 자신의 생각을 쓰라.

- 차별의 종류에는 어떤 것들이 있는가?
- 차별로 인해 발생하는 사회적 문제는 무엇인가?
- 차별로 인한 문제점을 극복하기 위해 어떻게 해야 하는가?

예시 답안

❶ 단락 쓰기의 기초

나. 중심 문장 쓰기 (p.35–37)

01. **1)** ✕(문제점), ○, ✕(웹툰의 성공 사례), ○

2) ✕(장점), ○, ✕(단점을 개선하기 위한 노력), ✕(도움 문장─구체적인 사례)

3) ○, ○, ✕(특징), ✕(긍적적인 면)

02. **1)** 발전 가능성이 높아야 한다.

2) 교육은 삶의 질을 높여 주기 때문이다.

빠른 사회 변화에 적응하기 위해 평생 교육이 필요하다. / ~ 적응해야 하기 때문이다

03. **1)** 한 번 쓰고 버리는 것은 자원 낭비이기 때문이다.

일회용품의 생산과 처리 과정에서 지구온난화를 일으키는 탄소가 많이 배출되기 때문이다.

2) 면접을 보기 전에 면접관의 질문을 예상하고 미리 대답을 준비하는 것이 좋다.

면접을 볼 때 너무 긴장하지 말고 자신 있는 목소리로 분명하게 말해야 한다.

다. 도움 문장 쓰기 (p.39–40)

02. ② ○   ③ ✕   ④ ○

① ✕   ② ✕   ③ ○   ④ ○

03. **1)** 스마트폰에 중독되면 집중력이 떨어져서 학습에도 나쁜 영향을 주게 된다. 또한 오랜 시간 고개를 숙이고 스마트폰을 보면 자세가 나빠져서 건강에 문제가 생길 수 있다.

2) 예를 들어 드론이 있으면 교통이 불편한 곳에도 물건을 빨리 배송할 수 있다. 또한 높은 곳이나 위험한 장소에서 촬영할 때 드론을 사용하면 사람이 다칠 위험이 줄어든다. 그러나 드론 사용으로 인한 문제점도 있다. 드론은 비가 많이 오거나 바람이 강하게 불면 고장이 날 수 있다. 이로 인해 하늘에서 드론이 떨어지면 사고가 발생할 수 있다.

라. 써 보기 (p.41–43)

01. 반려동물을 키우면 활동량이 늘어나서 건강에 좋다. 예를 들어 강아지를 키우면 밥도 줘야 하고 바이러스에 감염되지 않도록 목욕도 자주 시켜야 한다. 또 반려동물은 집에만 있으면 스트레스를 받기 때문에 산책도 같이 해야 한다. 이 외에도 반려동물을 키우면 심리적으로 안정감이 생겨서 좋다. 반려동물에게 관심을 가지고 밥을 주다 보면 외롭지 않고, 건강하게 잘 자라는 것을 보면 행복해진다.

02. **1)** 도시에는 24시간 운영하는 편의점이 많기 때문에 소비자들이 언제든지 필요한 물건을 구입할 수 있고 물건을 사기 위해 멀리까지 이동하지 않아도 된다.

2) 과도한 스트레스를 받게 된다. 특히 오랜 기간 이러한 환경에 노출되면 유명한 가수가 되어 꿈을 이룬 뒤에도 우울해하는 경우가 적지 않다.

3) 우선 개인적 차원에서는 손을 자주 씻어야 한다. 손에는 눈에 보이지 않는 세균이 많기 때문에 손만 잘 씻어도 감염병 예방 효과가 아주 크다고 한다. 손을 씻을 때는 물로만 씻는 것보다 비누를 사용하는 것이 좋다. 또한 사회적 차원에서는 손 씻기 캠페인을 실시해서 손 씻기의 중요성을 알려야 한다. 그리고 공공 시설물의 위생 관리를 철저하게 할 필요가 있다.

❷ 원고지 사용법

> **나. 연습하기** (p.45)

01. ㉠

∨	누	구	나		연	습	하	면		글
을		잘		쓸		수		있	다	.

㉡

∨	버	스	,		지	하	철		등		대
중	교	통			이	용	률	을		높	여
야		한	다	.							

02.

	쇠	고	기		소	비		증	가	는		환	경	에		나	쁜		영	향	을		미	친	
다	.	소	를		키	울		수		있	는		넓	은		땅	을		만	들	기		위	해	50
숲	을		없	애	기		때	문	이	다	.	브	라	질	의		아	마	존	에	서	는		한	
달		동	안		축	구	장		3	만		개		정	도		크	기	의		숲	이		사	100
라	지	기	도		했	다	.																	
	그	렇	다	면	,		이		문	제	를		해	결	하	기		위	해	서	는		어	떻	게	150
해	야		할	까	?		우	선		고	기	를		적	게		먹	도	록		노	력	해	야	
한	다	.		또	한		기	업	에	서	도		고	기	를		대	신	할		수		있	는	200
제	품	을		개	발	하	는		데		관	심	을		가	져	야		할		것	이	다	.	

III 과제별 쓰기 · PART 1

❶ 필요성 및 중요성 쓰기

> **라. 연습하기** (p.53~58)

01. **1)** ① ○　　② ○　　③ ✕　　④ ○　　⑤ ✕
　　　(③, ⑤ : 인간관계를 잘 유지하기 위한 방법에 대한 내용)

2) ① ✕　　② ○　　③ ○　　④ ✕　　⑤ ○

(① : 과제와 반대되는 내용　④ : 이유에 대한 설명 없이 그냥 사용하면 안 된다는 내용)

02. **1)** ① ○: 조언이 필요한 이유를 중심으로 설명

② ✕: 조언을 구하는 방법에 대한 내용이므로 과제와 완전히 다른 내용

③ △: 내용이 섞여 있음 (앞부분은 필요성과 관계 있는 내용, 뒷부분은 방법에 대한 내용)

03. **2)** 다른 사람들과 잘 지내기 위해서는 배려하고 존중하는 마음이 필요하다.

3) 어려운 일이 있을 때 누군가의 조언은 큰 도움이 된다.

4) 공공시설인 도서관은 시민들의 삶의 질을 높여 준다는 점에서 아주 중요하다.

5) 결과보다 과정이 중요한 이유는 과정을 통해서 많은 것을 배우기 때문이다.

6) 예술 교육은 아이들에게 자신의 감정을 잘 표현하도록 도와준다.

7) 자신의 목표를 이루기 위해서는 시간 관리가 필수적으로 요구된다.

8) 자기소개서를 쓰기 전에 나에게 어떤 장점이 있는지 생각해 보는 것이 필요하다.

9) 청소년기는 자신의 정체성을 찾아가는 시기라는 점에서 중요하다고 할 수 있다.

10) 우리 문화가 어디에서 왔는지 알아야 하기 때문에 전통문화를 지킬 필요가 있다.

04. **2)** 직업은 경제적으로 안정된 삶을 유지하도록 도와준다.

3) 청소년기는 독립적인 사회 구성원이 되기 위해 준비하는 시기이다.

4) 변화하고 발전하기 위해서는 새로운 것에 대한 대한 도전이 필요하다.

5) 한 사람의 능력으로 할 수 없는 일이 많아짐에 따라 협업 능력이 중요해졌다.

05. **1)** 어려운 이웃을 도와주는 것을 말한다. (※ N이란 –(으)ㄴ/는 것을 말하다)

2) 어려움을 극복하는 데 (※ N은 –는 데 도움이 되다)

3) 의사소통을 원활하게 (※ N은 N을 –게 해 주다)

4) 쓰레기를 줄이는 것은 (※ –는 것은 –기 위해서 필요하다)

5) 인간관계를 맺을 수 있도록 한다는 점에서 (※ –다는 점에서 N은 중요하다)

6) 느끼면서 살고 싶기 때문이다 (※ 중요한 이유는 –기 때문이다)

06. **2)** 우리는 독서를 통해서 지식을 쌓을 수 있다.

우리는 외국 영화나 드라마를 통해서 그 나라의 문화를 알 수 있다.

3) 실패의 경험은 우리를 더 노력하게 한다는 점에서 중요하다.

실패의 경험은 성공을 위해 무엇이 필요한지 알게 한다는 점에서 중요하다.

4) 자신감이 중요한 이유는 실패했을 때 다시 도전할 수 있기 때문이다.

자신감이 중요한 이유는 어려운 일이 있을 때 쉽게 포기하지 않기 때문이다.

5) 사람들은 누구나 건강하게 살고 싶어 한다. 그래서 운동이 필요하다.

사람들은 누구나 깨끗한 환경에서 살고 싶어 한다. 그래서 환경보호가 필요하다.

07. **2)** 이루어지면, 원만해진다

3) 통해서, 습득할 수 있다

4) 줄이면, 보호하

5) 대비하고, 실현하기 위해

마. 써 보기 (p.59)

과제 1)

그래서 직업 선택이 중요한데 만약 이것이 잘못 된다면 우선 경제적으로 힘들어진다. 그뿐만 아니라 일을 하면서 즐거움을 느끼지 못하기 때문에 갈수록 스트레스가 쌓이고 몸도 마음도 피곤해진다. 이처럼 일하면서 기쁨을 느낄 수 있고 경제적으로도 안정된 삶을 유지하도록 도와준다는 점에서 직업 선택은 중요하다고 할 수 있다.

과제 2)

• 어려울 때 서로 도와줄 수 있다   • 이해하고 배려하는 마음을 가지게 된다

요즘 우리 사회에는 돈이나 물건, 재능으로 나눔을 실천하는 사람들이 많다. 이러한 나눔 문화가 필요한 이유는 어려울 때 서로 도울 수 있기 때문이다. 도와달라고 말하지 않아도 나눔 문화가 있으면 자연스럽게 도움을 받을 수 있다. 또한 사람들은 나눔 문화를 통해 이해하고 배려하는 마음을 가지게 된다. 무언가를 나누기 위해서는 그 사람에게 무엇이 필요한지 알아야 하므로 관심과 사랑이 생기게 된다. 그래서 나눔 문화는 한 사람을 행복하게 하는 것이 아니라 모두를 행복하게 한다.

과제 3)

• 문제를 해결하는 방법을 배울 수 있다   • 실패를 겪으면서 겸손해진다

사람들은 흔히 결과로 모든 것을 알 수 있다고 하지만 우리는 결과보다 과정에서 더 큰 의미를 찾는다. 과정이 중요한 이유는 우선, 문제를 해결하는 방법을 배울 수 있기 때문이다. 우리는 어려움에 부딪혔을 때 그것을 해결하려고 노력하는 과정에서 어떤 방법이 더 좋은지 배우게 된다. 또한 시행착오를 겪는 과정에서 실수도 하고 실패도 하는데 이때 자신의 부족함을 느끼므로 더 겸손해진다. 이러한 과정이 없다면 좋은 결과를 얻는다고 해도 그 결과를 오래 유지할 수 없을 것이다. 쉽게 얻은 것은 쉽게 잃어버릴 수 있기 때문이다.

❷ 문제점 쓰기

라. 연습하기 (p.63~68)

01.   1) ① ✕   ② ○   ③ ✕   ④ ○   ⑤ ✕
         (①, ③, ⑤ : 인터넷 발달로 인한 장점이므로 과제와 반대 내용)
      2) ① ○   ② ✕   ③ ○   ④ ✕   ⑤ ○
         (② : 돈에 대한 태도 설명   ④ : 문제점이 아니라 필요성 강조하는 내용)

02.   1) ① ✕: 게임으로 인해 문제가 생기는 이유와 긍정적 효과에 대한 내용
         ② △: 내용이 섞여 있음 (앞부분은 문제점, 뒷부분은 해결 방법에 대한 내용)
         ③ ○: 게임으로 인해 생기는 문제점을 중심으로 설명

03.   2) 대표적인 예로 남극의 빙하가 녹는 것을 들 수 있다.
      3) 기후 변화는 질병이 발생하기 좋은 환경을 만든다.

4) 과정보다 결과를 중시하는[중시할] 경우 경쟁으로 인한 스트레스가 심해진다.

5) 게임은 중독성이 강해서 일단 시작하면 멈추기가 어렵다.

6) 사람이 하는 일을 인공지능 로봇이 대신하게 되면 일자리가 사라질 것이다.

7) 가난한 사람들은 능력이 없거나 열심히 일하지 않는다고 생각할 수 있다.

8) 개인 정보를 잘 관리하지 못하면 큰 피해를 입을 수 있다.

9) 리더가 능력이 부족할[부족한] 경우 사람들은 불안해지고 희망을 잃게 된다.

10) 다문화 사회는 서로 다른 문화가 섞여 있으므로 갈등이 생길 수 있다.

04. **2)** 숲이 사라질 경우 여름은 더 더워지고 공기도 나빠진다.

3) 외모에 대한 편견은 사람들에게 지울 수 없는 상처를 준다.

4) 기후 변화는 질병 발생률을 높임으로써 인류의 건강을 위협하고 있다.

5) 경쟁의 결과에만 집중하면 새로운 시도나 도전을 하지 않게 된다.

05. **1)** 객관적인 판단을 하기(가) 어렵다. (※ 하다 + 어렵다 → 하기(가) 어렵다)

2) 쓰레기가 늘어나는 문제가 (※ –는 문제가 발생하다)

3) 많은 사람들이 일자리를 잃게 될 것이다[된다] (※ –다면 –(으)ㄹ 것이다)

4) 할 수밖에 없다는 것이다 (※ N의 문제점은 –다는 것이다)

5) 경제 성장이 느려진다는 것이다 (※ N의 문제점은 –다는 것이다)

6) 자신감이 부족할 / 부족한 (※ A/V + 경우 → –(으)ㄴ/는/(으)ㄹ 경우)

06. **2)** 기후 변화로 인해 폭우나 폭설이 내리는 등 이상 기후가 발생하고 있다.
기후 변화로 인해 지구에서 사라지는 동물들과 식물들이 많아지고 있다.

3) 도시 문제의 대표적인 예로 물가 상승과 교통 체증을 들 수 있다.
도시 문제의 대표적인 예로 일자리 부족과 주택 부족을 들 수 있다.

4) 현대 사회의 문제점은 도시에 인구가 집중되고 농촌 인구는 감소한다는 것이다.
현대 사회의 문제점은 빈부격차가 더 심해지고 있다는 것이다.

5) 스트레스가 심해지면 잠을 잘 못 잘 뿐만 아니라 입맛도 떨어지게 된다.
스트레스가 심해지면 일이나 공부에 집중하기 어려울 뿐만 아니라 의욕도 떨어지게 된다.

07. **1)** 피해를 입는다

2) 증가하면, 신뢰를 잃게 된다

3) 고립된, 초래할 수 있다

4) 파괴되면, 처할 수 있다

5) 확산되면, 제한된다

마. 써 보기 (p.69)

과제 1)

(그런데) 결과만 추구하다 보면 여유가 없으니까 더 힘들고 스트레스도 쌓인다. 어떤 사람들은 결과를 위해 규칙을 무시하기도 한다. 또한 처음부터 새로운 시도나 도전을 하지 않게 된다. 도전에는 위험이 따르고 실패할 가능성이 있기 때문이다. 이렇게 되면 경쟁을 통해 발전하는 것이 아니라 작은 성과에 만족하며 살게 된다.

과제 2)

• 사람들이 일자리를 잃게 된다   • 인간의 가치를 존중하지 않는다

　인공지능이 발달하면 사람들이 일자리를 잃게 된다. 사람이 하는 일을 인공지능 로봇이 대신할 수 있으므로 직장을 떠나야 하는 사람들이 생긴다. 그뿐만 아니라 아예 직업 자체가 사라질 수도 있다. 이렇듯 인공지능의 역할이 점점 커지고 사람의 자리가 줄어든다면 인간의 가치를 존중하지 않게 될 것이다. 지금까지는 사회의 복잡한 문제들을 해결하는 데 인간은 뛰어난 능력을 발휘해 왔다. 그런데 인공지능이 문제를 해결할 수 있는 세상에서는 인간의 가치가 사라질 수밖에 없다.

과제 3)

• 구성원들이 능동적으로 참여하지 않는다   • 목표를 달성하기 어렵다

　리더에게 소통 능력이 없으면 구성원들은 능동적으로 일에 참여하지 않는다. 리더가 구성원들의 의견을 듣지 않고 지시와 명령만 한다면 일에 대한 열정도 사라지고 동기도 없어진다. 당연히 일의 효율성도 떨어진다. 또한 리더가 판단력이 부족하면 목표를 달성하기 어렵다. 중요한 결정을 해야 하는 순간에 판단을 잘못 하면 신뢰를 잃게 된다. 이런 일이 반복되어 구성원들이 리더를 믿고 따르지 않을 경우, 원하는 목표를 이룰 수 없게 된다.

❸ 영향 및 효과 쓰기

라. 연습하기 (p.73~78)

01. **1)** ① ○   ② ×   ③ ○   ④ ×   ⑤ ×
　　　(② : 반려동물을 대하는 태도   ④ : 일반적인 설명   ⑤ : 문제점)

　　2) ① ×   ② ○   ③ ○   ④ ×   ⑤ ○
　　　(① : 자존감을 높이는 방법   ④ : 자존감이 낮은 이유 설명)

02. **1)** ① ×: 경제적 조건을 갖추기 위한 방법에 대한 내용.
　　　② ○: 경제적 조건과 삶의 만족도와 관련된 내용을 중심으로 설명.
　　　③ △: 앞부분에 관련 내용이 있지만 뒷부분에 과제와 다른 내용이 나옴.

03. **2)** 실패는 우리를 힘들게 하지만 더 성장할 수 있는 기회를 주기도 한다.
　　3) 자신을 다른 사람과 비교하기보다 내가 가진 능력을 소중하게 생각해야 한다.
　　4) 반려식물은 마음을 편안하게 하고 미세 먼지를 줄여 주는 효과가 있다.
　　5) 아무리 의학기술이 발달해도 스스로 건강을 지키지 않으면 오래 살 수 없다.
　　6) 예술 교육은 아이들의 정서 발달과 창의성 개발에 긍정적인 영향을 미친다.
　　7) 열등감이 심하면 다른 사람들과 원만한 관계를 유지하기가 어렵다.
　　8) 자기 개발을 하면 삶의 질을 높이는 데 도움이 된다.
　　9) 외모를 중시하는 사람들의 경우 외모를 가꾸느라고 돈과 시간을 낭비하게 된다.
　　10) 스트레스는 모든 병의 근원이라는 말처럼 스트레스를 풀지 못하면 병이 생긴다.

04. **2)** 청소년들의 경우, 대중매체의 영향으로 외모가 뛰어난 사람을 선망하게 된다.

3) 칭찬은 아이들의 행동을 긍정적으로 변화시키는 데 큰 영향을 미친다.

4) 체육 교육은 아이들의 신체와 정신의 균형 있는 성장에 도움이 된다.

5) 과학기술의 발달은 우리의 생활을 편리하게 하고 생산성을 향상시켰다.

05. **1)** 더 큰 영향을 미친다고 생각한다 (※ -다고 생각하다)

2) 자신이 감정과 느낌을 어떻게 표현하는지 (※ 어떻게 -는지 ∨)

3) 외모가 뛰어난 사람에게 더 친절하게 행동하는 것으로 (※ 조사결과에 따르면 -는 것으로 나타나다)

4) 경제적 여유가 있다고 해서 (※ -다고 해서 -는 것은 아니다)

5) 어떤 태도로 일을 하느냐에 따라 (※ -냐에 따라 N이/가 달라질 수 있다)

6) 내면의 아름다움을 가꾸는 데 소홀해질 수 있다 (※ -는 데 소홀해지다)

06. **1)** SNS는 여러 나라의 다양한 사람들과 친구가 될 수 있도록 해 준다.

2) 대화는 다른 사람을 이해하는 데 도움이 된다.
대화는 오해를 풀고 갈등을 해결하는 데 도움이 된다.

3) 여행의 긍정적인 효과는 일상의 스트레스를 풀 수 있다는 것이다.
여행의 긍정적인 효과는 새로운 경험을 할 수 있다는 것이다.

4) 음악을 들으면 마음이 편안해지는 효과를 얻을 수 있다.
음악을 들으면 집중력이 높아지는 효과를 얻을 수 있다.

5) 날씨나 환경은 사람들의 성격 형성에 영향을 미친다.
날씨나 환경은 삶의 방식이나 태도에 영향을 미친다.

07. **2)** 해소해 주고, 예방한다

3) 비롯되므로 [비롯되기 때문에], 형성하는 데

4) 정화하고 [정화해 주고], 차단하는

5) 부딪히더라도, 극복할 수 있다

마. 써 보기 (p.79)

과제 1)

그리고 왜 그런 감정이 생겼는지 알게 해 준다. 또한 자신의 감정을 표현할 수 있도록 해 준다. 예술 교육을 통해 다양한 표현 방식이 있다는 것을 배우기 때문이다. 그리고 세상을 보는 새로운 시각을 가지게 됨으로써 창의성도 기를 수 있게 된다.

과제 2)

스트레스는 모든 병의 근원이라는 말이 있다. 지속적인 스트레스는 건강에 부정적인 영향을 미친다. 예를 들면 소화가 안 된다거나 가슴이 답답하다거나 잠이 오지 않는다거나 하는 증상들이 그것이다. 이러한 증상들이 심해지면 질병으로까지 이어진다. 또한 스트레스를 받으면 사람들은 심리적으로 불안해진다. 그래서 쉽게 짜증을 내거나 화를 내게 된다. 스스로 감정을 조절하기도 어려워진다. 이런 상태에서는 사람들과 원만한 관계를 유지하기가 어렵다.

과제 3)

• 외모에 따라 차별하는 분위기가 생긴다 　　• 외모를 가꾸느라 돈과 시간을 낭비하게 된다

　　외모를 지나치게 중시하면 외모에 따른 차별이 생긴다. 사람을 만날 때도 외모가 어떠냐에 따라 대하는 태도가 달라질 수 있다. 한 실험 결과에 의하면 사람들은 예쁘거나 잘생긴 사람에게 더 친절하게 행동하는 것으로 나타났다. 또한 외모를 가꾸느라 돈과 시간을 낭비하게 된다. 특히 청소년들의 경우 대중매체의 영향으로 외모가 뛰어난 사람을 선망하여 가수나 배우 등 연예인들을 따라 하는 데 몰두한다. 이런 분위기가 지속되면 내면의 가치를 가꾸는 데는 점점 소홀해질 것이다.

❹ 원인 쓰기

라. 연습하기 (p.83~88)

01. **1)** ① O　　② O　　③ ×　　④ ×　　⑤ O

　　(③ : 고정관념이 생기지 않도록 하는 방법　④ : 고정관념으로 인한 문제점)

2) ① ×　　② O　　③ O　　④ ×　　⑤ O

　　(① : 노인을 위해 해야 할 일　④ : 노인 문제를 해결하는 방법)

02. **1)** ① O: 일과 삶의 균형이 어려운 이유를 중심으로 설명.

② ×: 일과 삶 중에서 하나를 선택하는 경우에 대한 내용.

③ △: 앞부분에 이유에 대한 간단한 설명이 있으나 이유에 대한 보충 설명이 없음.

03. **2)** 청소년들은 공부하느라고 다른 여가 활동을 할 시간이 많지 않다.

3) 대중매체를 통해 편견이나 고정관념을 가지게 되는 경우가 있다.

4) 다른 사람들에게 인정을 받고 싶은 이유는 만족감과 행복을 느끼고 싶기 때문이다.

5) 혼자 사는 노인들은 가족들이 곁에 없기 때문에 외로움을 많이 느낀다.

6) 현대 사회에서 일과 삶의 균형을 유지하는 것은 생각보다 쉽지 않다.

7) 협력이 안 되는 이유는 다른 사람의 입장을 배려하지 않기 때문이다.

8) 젊은 사람들이 농촌을 떠나는 이유는 생활이 불편하고 일자리가 없기 때문이다.

9) 결혼은 선택이므로 하지 않아도 된다고 생각하는 사람들이 늘어나고 있다.

10) 사람들의 이동 거리가 늘어나면서 질병의 확산 속도가 빨라지고 있다.

04. **2)** 인간관계에서 신뢰를 잃게 되는 이유는 약속을 지키지 않기 때문이다.

3) 피곤할 때마다 습관적으로 단 것을 찾는 사람들은 단맛에 중독되기 쉽다.

4) 책을 읽음으로써 사람들의 다양한 생각과 감정을 이해하게 된다.

5) 사람들은 더 좋은 일자리와 기회를 찾아서 대도시로 이동한다.

05. **1)** 출퇴근 시간을 아낄 수 있기 때문이다. (※ 왜냐하면 -기 때문이다)

2) 작은 행복을 말한다. (※ N(이)란 N을/를 말한다)

3) 건강에 좋기 때문이다. (※ 이유는 -기 때문이다)

4) 스마트폰 때문이라는 (※ 이유는 N 때문이라는 조사결과가 나오다)

5) 대화를 오래 한다고 해서 (※ –다고 해서 –는 것은 아니다)

6) 무관심과 외로움이다 (※ –는 것은 N이다[–는 것이다])

06. **1)** 갈등이 생기는 이유는 서로에게 기대하는 것이 다르기 때문이다.

2) 사람들은 진실한 대화를 나눌 사람이 없기 때문에 외로움을 느낀다.

사람들은 대부분 가족들과 떨어져 혼자 살고 있기 때문에 외로움을 느낀다.

3) 현대인들은 항상 바쁘기 때문에 여유 있는 시간을 보내기가 어렵다.

현대인들은 운동이 부족하기 때문에 질병에 걸리기가 쉽다.

4) 대화를 할 때 휴대폰을 보거나 다른 생각을 하면 소통이 잘 안 된다.

대화를 할 때 다른 사람의 말을 잘 안 듣거나 자기가 하고 싶은 말만 하면 소통이 잘 안 된다.

5) 사람들은 여행하는 것을 좋아한다. 왜냐하면 새로운 곳에 가서 새로운 경험을 하기 때문이다.

사람들은 평가받는 것을 싫어한다. 왜냐하면 다른 사람과 경쟁해야 하기 때문이다.

07. **2)** 불편하게 하고, 어렵게 한다

3) 경제활동을 하지 못해서, 겪는다

4) 끄는, 끊임없이

5) 즐길 수 없는 이유는, 부담이 크기 때문이다

마. 써 보기 (p.89)

과제 1)

　이러한 자기중심적인 생각은 일의 진행을 어렵게 한다. 또한 다름을 인정하지 않는 것도 협력이 잘 안 되는 이유 중의 하나이다. 생각이나 경험, 가치관이 다를 때 이것을 받아들이지 않는다면 갈등이 생겨서 팀워크가 깨지게 된다.

과제 2)

　사람들이 농촌을 떠나는 이유는 일자리가 없기 때문이다. 특히, 젊은 사람들의 경우 농촌에는 자신이 찾는 일자리가 없는데다가 취업을 위해 다양한 경험을 쌓을 기회도 없기 때문이다. 또 다른 이유로는 여가 시간을 즐길 만한 문화 시설이나 편의 시설이 부족한 것을 들 수 있다. 교통도 불편해서 이동할 때 시간이 많이 걸린다. 게다가 학교나 학원, 도서관 같은 교육 시설도 많지 않다. 이렇듯 불편을 겪는 일이 한두 가지가 아니므로 농촌을 떠나는 사람들이 갈수록 늘어난다.

과제 3)

• 재미있고 다양한 콘텐츠가 많다　　• 다른 여가 활동을 할 시간이 많지 않다

　청소년들이 스마트폰에 중독되는 이유는 우선 스마트폰을 이용해서 즐길 수 있는 다양하고 재미있는 콘텐츠가 많기 때문이다. 지금도 청소년들의 관심을 끌 만한 콘텐츠가 끊임없이 개발되고 있어서 그냥 지나치기가 쉽지 않다. 게다가 청소년들은 공부하느라 다른 여가 활동을 할 시간이 없다. 그래서 쉽게 접근할 수 있는 스마트폰을 이용하게 된다. 스마트폰으로 언제 어디에서든지 친구들과 소통하고 게임도 하면서 스트레스를 푼다. 그러다가 자신도 모르게 스마트폰에 중독되는 것이다.

❺ 방안 및 방향 쓰기

라. 연습하기 (p.93~98)

01. **1)** ① ○   ② ○   ③ ✕   ④ ○   ⑤ ✕

(③ : 일반적인 사실을 설명   ⑤ : 과제와 완전히 다른 내용)

2) ① ○   ② ✕   ③ ○   ④ ○   ⑤ ✕

(② : 도시 개발의 문제점에 대한 내용   ⑤ : 도시 개발을 막는 방법에 대한 내용)

02. **1)** ① ○: 갈등을 줄이는 방법을 구체적으로 잘 설명함.

② ✕: 갈등이 발생하는 원인에 대한 설명이므로 과제 내용과 다름.

③ △: '노력해야 한다'는 내용만 있고 구체적인 설명이 없음.

03. **2)** 효율적인 독서를 하기 위해서는 독서의 목적이 분명해야 한다.

3) 다양한 문화를 체험할 수 있도록 문화 교류 프로그램을 마련하는 것이 좋다.

4) 농촌 인구를 늘리려면 생활환경을 개선할 필요가 있다.

5) 문제점을 최소화하기 위해서는 그 문제에 대한 정확한 분석이 필요하다.

6) 원하는 직업을 얻기 위해서는 어떤 조건이 필요한지 알아야 한다.

7) 평소에 물건을 아껴 쓰고 자전거를 이용하면 환경오염을 줄일 수 있다.

8) 기부를 활성화하기 위해서 정부에서 기부 교육을 확대하지 않으면 안 된다.

9) 제도적인 지원은 경제적으로 어려운 사람들이 살아갈 수 있도록 해 준다.

10) 상대방을 배려하는 마음을 가지고 말을 하는 자세가 필요하다.

04. **2)** 자연환경을 보존하면서 개발해야 살기 좋은 도시를 만들 수 있다.

3) 조언을 잘 받아들이려면 그 사람을 존중하는 마음을 가져야 한다.

4) 기성세대와 젊은 세대의 갈등을 줄이기 위해서는 대화가 필요하다.

5) 소수의 의견도 존중해야 다수결 원칙의 문제점을 보완할 수 있다.

05. **1)** 에너지를 절약하는 것이다 (※ −는 방법은 −는 것이다)

2) 전문 지식을 쌓는 것이 (※ −도록 −는 것이 좋다)

3) 편견과 오해를 없앨 수 있다 (※ −아/어야 −(으)ㄹ 수 있다)

4) 대책을 마련할 (※ −(으)ㄹ 필요가 있다)

5) 공감 능력을 기르기 위해서는[기르려면] (※ −기 위해서는 −아/어야 하다)

6) 전문가의 도움을 받지 않으면 (※ −기 위해서는 −지 않으면 안 된다)

06. **1)** 갈등을 해결하기 위해서는 먼저 갈등의 원인을 정확하게 이해하지 않으면 안 된다.

2) 스트레스로 인한 문제를 줄이는 방법은 경쟁하는 문화를 개선하는 것이다.

고령화로 인한 문제를 해결하는 방법은 모두가 공감하는 노인복지 제도를 마련하는 것이다.

3) 청소년들이 스마트폰 중독에 빠지지 않도록 관심을 가지는 것이 필요하다.

청소년들이 자신의 진로를 찾을 수 있도록 상담 프로그램을 마련하는 것이 필요하다.

4) 만약 사람들이 자신의 이익만을 추구한다면 사회가 발전하지 못할 것이다.

만약 사람들이 환경보호를 실천하지 않는다면 멸종하는 동식물들이 점점 많아질 것이다.

5) 건강을 유지하기 위해서는 먹는 것보다 운동하는 것이 중요하다.

건강을 유지하기 위해서는 운동을 하는 것보다 스트레스를 푸는 것이 중요하다.

07. 2) 일으키지 않도록, 확대해야 한다

3) 회복하려면, 취하고

4) 제공하면, 자립할 수 있게 된다

5) 살리고, 개선하는 것이다

마. 써 보기 (p.99)

과제 1)

이것이 갈등을 줄이고 평화롭게 사는 길이다. 다음으로 문화 교류 기회를 확대해야 한다. 특히 아이들이 어릴 때부터 다양한 문화를 체험할 수 있도록 문화 교류 프로그램을 마련하는 것이 좋다. 상호 교류가 많을수록 다른 문화에 대한 이해와 공감도 깊어지게 된다.

과제 2)

늘어나는 유기 동물 문제를 해결하기 위해서는 우선 반려동물을 반드시 등록하도록 해야 한다. 키우는 반려동물을 등록해 놓으면 잃어버렸을 때 쉽게 찾을 수 있을 뿐만 아니라 버려진 동물의 주인이 누구인지 알 수 있기 때문이다. 반려동물 등록 의무가 강화되면 책임 의식도 강해질 것이다. 또한 반려동물에 대한 인식을 개선해야 한다. 동물은 쉽게 버릴 수 있는 물건이 아니라 끝까지 함께 해야 하는 가족 같은 존재임을 분명하게 인식하도록 해야 한다. 따라서 이를 위한 홍보 및 교육 프로그램도 개발해야 할 것이다.

과제 3)

• 중소도시에 안정된 일자리를 만들어야 한다   • 중소도시의 생활환경을 개선해야 한다

대도시 인구 집중 문제를 해결할 수 있는 방안은 크게 두 가지로 생각해 볼 수 있다. 첫째, 중소도시나 농촌에 안정된 일자리를 만드는 것이다. 대도시 인구가 증가하는 가장 큰 이유는 일자리 때문이다. 따라서 공공기관이나 대기업 이전을 적극적으로 추진하지 않으면 안 된다. 다음으로 중소도시의 생활환경을 개선할 필요가 있다. 대도시에는 문화와 여가 생활을 즐길 수 있는 프로그램이 많다. 그뿐만 아니라 교육 시설, 편의 시설도 잘 되어 있다. 중소도시에도 이러한 환경을 조성해 살기 좋은 곳으로 만들어야 한다.

---

❻ 종합 쓰기 연습 (p.100-105)

01. ① **단락1 중심 문장** : 그래서 사회적으로는 공동체 문화에 나쁜 영향을 줄 수 있으며 개인적으로는 경쟁 의식에 사로잡혀 자신의 능력을 발휘하지 못할 수도 있다.

단락2 중심 문장 : 먼저 자신감 부족을 들 수 있다.

또한 달라진 사회 환경에도 원인이 있다.

단락3 중심 문장 : 스스로 자신을 돌아보고 만약 남과 비교하는 습관이 있다면 그런 태도를 바꾸기

위해서 노력해야 한다.

② 〈그뿐만 아니라〉, 〈그래서〉, 〈그렇다면〉, 〈또한〉, 〈따라서〉, 〈그리고〉, 〈또한〉
③ 이런 사람들은, 그런 태도를
④ 서로 돕는, 무의식적으로

03.

과제 3

기부를 활성화하기 위해서는 적은 돈이라도 정기적으로 기부하는 문화를 만들어가야 한다. 경제적 여유가 없더라도 내가 할 수 있는 작은 것부터 실천하는 분위기가 중요하다. 또한 사회 지도층과 부유층이 기부를 더 많이 실천한다면 기부에 대한 관심이 더 높아질 것이다. 그뿐만 아니라 기부 단체에서는 정보 공개를 통해 사람들의 신뢰를 얻는 데 힘을 쏟아야 할 것이다. 마지막으로 다양한 기부 방법이 있다는 것을 널리 알려야 한다. 돈이 아니더라도 재능이나 물품 등으로 기부하는 방법을 수시로 홍보하여 참여율을 높일 수 있도록 해야 할 것이다.

04.

과제 1

사람은 누구나 외로움을 느낀다. 그러나 요즘 외롭다고 말하는 사람들이 더 많아지고 있다. 외로움이 질병은 아니지만 심할 경우 몸과 마음을 아프게 한다. 밥맛도 잃고 잠도 못 잘 뿐만 아니라 쉽게 피로감을 느낀다. 그래서 몸에 아픈 곳이 생기고 나아가 마음의 병인 우울증이 생긴다. 우울증은 사람들과의 관계를 어렵게 만들며 일을 할 때도 집중력을 떨어뜨린다. 이처럼 외로움은 건강과 일에 부정적인 영향을 미친다.

과제 2

그렇다면 다양한 인간관계를 맺으며 살아가는 현대인들이 외로움을 느끼는 이유는 무엇일까? 그 이유는 다른 사람들에게 관심을 가질 여유가 없기 때문이다. 사람들은 모두 자기 일에 바빠서 다른 사람들이 무엇을 하고 있는지, 어떤 어려움이 있는지 신경을 쓰지 못한다. 그래서 서로 연락하고 만나는 것도 부담스러워서 혼자 있게 된다. 또한 사회가 컴퓨터로 모든 일을 처리하는 방식으로 변해서 사람을 만날 기회가 줄었기 때문이다.

05.   1) [300자 예시 답안]

긍정적인 태도는 평소 생활에서도 중요하지만 어려운 문제가 생겼을 때 특히 중요하다. 긍정적인 태도를 가지면 적극적으로 해결 방법을 찾기 때문에 좋은 결과를 얻을 수 있다. 그리고 이러한 태도는 우리 생활에도 긍정적인 영향을 미친다. 직장이나 학교에서 다른 사람들과의 관계도 좋아지고 꿈을 이룰 가능성도 높아진다. 갈등이 줄어들고 실패를 하더라도 긍정적인 방향으로 생각하고 움직이게 된다. 따라서 이러한 태도를 기르기 위해서는 무엇보다 부정적인 생각들을 빨리 잊는 것이 좋다. 과거의 좋았던 경험이나 감정들을 생각하면서 행동하도록 해야 한다. (307자) (※ 과제 1, 2, 3 모두 포함)

[400-500자 예시 답안]

긍정적인 태도는 어려운 문제에 부딪혔을 때 큰 도움이 된다. 문제를 피하지 않고 적극적으로 해결 방법을 찾기 때문이다. 물론, 태도가 문제를 해결해 주지는 않지만 할 수 있다고 생각하는 것과 할 수 없다고 생각하는 것에는 큰 차이가 있다. 그래서 긍정적인 태도를 가지면 좋은 결과를 얻을 확률이 훨씬 높아진다.

또한 긍정적인 태도는 우리 생활에도 영향을 미친다. 우선 사회생활을 하거나 친구들과 교류할 때 다른 사람들에게 좋은 인상을 줄 수 있다. 그래서 어디에서나 사람들과 좋은 관계를 유지할 수 있다. 또한 이런 태도는 일할 때도 영향을 미쳐 갈등을 줄이고 즐겁게 일할 수 있도록 한다. 즐겁게 일하다 보면 목표를 이룰 가능성도 높아진다.

따라서 우리는 긍정적인 태도를 가지기 위해서 부정적인 생각이나 감정들은 빨리 잊어버려야 한다. 대신 성공했던 경험이나 즐거웠던 일들을 기억할 필요가 있다. 행복한 기억들을 계속해서 떠올리다 보면 긍정적인 태도를 기를 수 있을 것이다. (496자) (※ 과제 1, 2, 3 모두 포함)

[600-700자 예시 답안]

어려운 문제가 생겼을 때 긍정적인 태도를 가지느냐 그렇지 않느냐에는 큰 차이가 있다. 태도가 문제를 해결해 주지는 못하지만 해결 방법을 찾을 수 있도록 도와준다. 할 수 있다는 긍정적인 생각이 적극적인 행동으로 이어지고 어려움을 극복할 수 있도록 도와주는 것이다. 즉, 어떤 생각을 가지고 행동하느냐에 따라 결과도 달라지므로 긍정적인 태도는 중요하다.

태도는 우리 생활에도 큰 영향을 미친다. 긍정적인 태도는 다른 사람들과 좋은 관계를 유지하는 데 도움을 준다. 상대방의 좋은 점을 보기 때문이다. 무엇이든지 부정적으로 보는 사람보다 긍정적인 태도를 가진 사람들 옆에 친구가 많은 것을 보면 알 수 있다. 또한 도전이나 어려움을 피하지 않기 때문에 자신의 꿈을 이룰 가능성이 높아진다. 똑같은 상황이라도 안 되는 이유만 찾으면 포기하게 되고, 할 수 있다는 태도를 가지면 더 노력할 수 있는 힘이 생긴다.

따라서 우리는 어려운 때일수록 긍정적인 태도를 가지도록 노력해야 한다. 우선 부정적인 생각이나 경험들을 빨리 잊어버려야 한다. 이러한 생각들이 계속되면 사람들은 불안해지고 자신감을 잃게 된다. 그러므로 문제 상황에서 어떤 태도를 가졌을 때 결과가 좋았는지 잘 생각해보고 그런 긍정적인 경험들을 오래 기억할 필요가 있다. 또한 자신이 즐기고 잘하는 일을 규칙적으로 하면서 이런 경험들을 지속적으로 쌓아가야 할 것이다. (679자)

2) [300자 예시 답안]

사회관계망서비스(SNS)를 이용하면 필요한 정보도 얻고 도움도 받을 수 있다. 또한 나에게 관심을 가지는 사람들이 있어서 행복감을 느낀다. 반면 나를 지지하지 않는 사람들이 많아지면 우울감을 느끼게 된다. 나보다 더 행복해 보이는 사람들을 볼 때도 마찬가지다. SNS를 많이 하게 되면 비교하는 마음이 생기고 이것이 우울감으로 이어진다. 따라서 부정적인 영향을 최소화하기 위해서는 SNS를 이용하는 시간을 줄이고 불필요한 관계를 정리해야 한다. 정해진 시간에만 SNS를 하거나 자신을 지지해 주는 사람들과 주로 소통해야 할 것이다. (298자) (※ 과제 1, 2, 3 모두 포함)

[400-500자 예시 답안]

최근 사회관계망서비스(SNS)가 우리 삶에 미치는 영향이 갈수록 커지고 있다. 먼저 긍정적인 효과는 SNS 이용으로 인해 행복감을 느낀다는 것이다. 나에게 관심을 가지고 나의 문제를 함께 고민해 주는 사람들을 만날 때 삶의 만족도도 높아진다.

반면에 부정적인 영향도 있다. 나와 생각이 다른 사람들이 심한 말을 하거나 나의 문제들을 무시할 때 우울감을 느끼게 된다. 또한 SNS를 통해 나보다 행복해 보이는 사람들의 모습을 볼 때 비교하는 마음이 생긴다. 당연히 행복감은 줄어들고 자신감도 잃게 되어 심리적으로 나쁜 영향을 받게 된다.

따라서 부정적인 영향을 최소화하기 위해서는 SNS 이용을 제한해야 한다. SNS로 인해 피로감이나 우울감을 느낀다면 바로 이용 시간을 줄여야 한다. 먼저 정해진 시간에만 SNS를 하도록 해야 한다. 그리고 불필요한 관계도 정리하고 자신을 지지해 주는 사람들을 중심으로 소통하는 방식을 선택해야 할 것이다. (472자) (※ 과제 1, 2, 3 모두 포함)

[600-700자 예시 답안]

사회관계망서비스(SNS)를 이용하는 사람들이 증가하면서 SNS가 우리 삶에 미치는 영향도 점점 커지고 있다.

우선 SNS 이용을 통해 얻을 수 있는 긍정적 효과는 삶의 만족도가 높아진다는 것이다. 다른 사람들이 나에게 관심을 가지고 나의 생각을 지지해 주기 때문이다. 또한 어려운 문제가 생겼을 때도 같이 고민해 주고, 적극적으로 필요한 정보나 도움을 주는 사람들이 있어서 힘을 얻을 수 있다.

그러나 긍정적 효과만 있는 것은 아니다. 다른 사람들로부터 받는 관심과 지지가 비난으로 바뀔 수 있기 때문이다. 때로 다른 생각을 가진 사람들이 SNS를 통해 심한 말을 하면 상처를 받게 된다. 게다가 끊임없이 다른 사람과 자신을 비교하고 더 행복해 보이는 사람을 보면 열등감과 우울함을 느끼게 된다. 개인적인 일상까지 서로 공유하는 과정에서 생기는 비교 현상은 이렇듯 개인의 심리 상태에 부정적인 영향을 주게 된다.

그럼에도 불구하고 SNS는 필요한 소통수단이기 때문에 쉽게 중단할 수는 없다. 따라서 부정적인 영향을 최소화하기 위해서는 SNS 이용을 제한할 필요가 있다. 특히, SNS 이용으로 피로감을 느끼거나 우울함을 느낀다면 불필요한 관계를 유지하기 위해 노력할 것이 아니라 자신을 지지해주는 사람들을 중심으로 소통해야 한다. 그리고 비교하는 마음이 생겨서 우울해진다면 그런 사람들과 거리를 두고 이용 시간도 줄여 나가야 할 것이다. (689자)

Ⅲ 과제별 쓰기 · PART 2

❶ 장단점 쓰기

> **다. 수준별 연습하기 1** (p.110-111)

01. 2) 1인 방송이 많아지면 시청자들이 다양한 선택을 할 수 있게 된다.

3) 온라인 수업은 언제 어디서든지 원하는 강의를 들을 수 있다는 장점이 있다.

4) 전자책의 <u>단점</u>은 종이책의 질감을 느낄 수 없고 눈의 피로감을 높일 수 있다는 <u>것이다.</u>

5) 학습 만화의 <u>좋은 점</u>은 공부에 흥미가 없는 아이들도 재미있게 읽도록 해 <u>준다는 것이다.</u>

02. 1) 단점도 있다 (※ N에는 장점도 있고 단점도 있다)

2) 적게 배출한다는 (※ V-ㄴ/는다는 장점이 있다)

3) 공영 방송과(는) 다르게 (※ N과/와 다르게)

4) 다수의 의견을 따르는 것을 (※ N은/는 N을/를[-는 것을] 말하다)

5) 농산물을 구입할 수 있다는 것이다 (※ N의 장점은 A/V-다는 것이다)

6) 다른 나라의 문화를 직접 체험할 수 있어서 (※ -아/어서 좋다)

7) 지나친 운동은 (※ A-(으)ㄴ N)

03. 요즘 전자책을 이용하는 사람이 많아졌다. 전자책의 장점은 들고 다니기 편하다는 것이다. 기술의 발달로 전자책을 볼 수 있는 기기가 작고 가벼워져서 무거운 책을 들고 이동하지 않아도 된다. 그뿐만 아니라 전자책은 종이책에 비해 가격도 저렴하다. 종이책은 만들 때 인쇄 비용이 들고 보관 장소도 필요하지만 전자책은 그런 비용들을 아낄 수 있기 때문이다.

01. 2) 온라인 수업은 대면 수업에 비해 교사와 학생이 활발하게 소통하기 어렵다는 단점이 있다.

3) 전기 자동차는 일반 자동차와 달리 환경오염 물질을 배출하지 않아서 좋다.

4) 잠자기 전에 어두운 방에서 스마트폰을 보는 것은 눈 건강에 매우 좋지 않다.

5) 요즘 여성들의 사회 진출이 늘면서 양성 평등과 관련된 정책이 주목받고 있다.

02. 1) 넓어진다

2) 해로운

3) 제공해 준다는

4) 자극적이고, 풍부하지 않다는

5) 창출되고, 활성화된다

6) 취할 수 있는, 향상시킨다

03. • 자연스러운 정서 발달을 어렵게 함　　• 학습에 대한 흥미 감소

조기 교육에는 두 가지 단점이 있다. 첫째, 아이의 자연스러운 정서 발달을 어렵게 한다. 어릴 때는 가족 및 친구와의 교류, 다양한 놀이 활동 등을 통해 정서가 발달하는데 이 시기에 조기 교육을 하면 그런 경험을 할 수 있는 기회가 줄어들게 된다. 둘째, 학습에 대한 흥미를 감소시킬 수 있다. 조기 교육은 부모의 결정에 의해 이루어지는 경우가 많다. 그렇게 되면 아이의 입장에서는 원하지 않아도 공부를 해야 하기 때문에 스트레스를 받게 되고 공부에 대한 흥미도 떨어질 수밖에 없다.

❷ 조건 쓰기

01. 2) 진로를 선택할 때 자신의 적성과 성격을 고려해야 한다.

3) 물건을 살 때 이것이 나에게 꼭 필요한지 한 번 더 생각해 봐야 한다.

4) 세계화 시대에 필요한 인재가 되려면 사람들과 소통하는 능력이 필요하다.

5) 학생들이 원하는 좋은 학교는 꿈을 키울 수 있도록 지원해 주는 학교이다.

02. 1) 대처할 수 있는 문제 해결 능력이다 (※ N의 조건은 N이다)

2) 적게 먹는 것이 (※ A-게 V-는 것이 중요하다)

3) 필요한 것 (※ A-(으)ㄴ/V-는 것 중의 하나이다)

4) 일과 생활의 균형을 유지하는 것이다 (※ N의 조건은 V-는 것이다)

5) 어떤 것이 있을까 (※ 그렇다면 A/V-(으)ㄹ까?)

6) 활용하는 능력을 갖춘 (※ N을/를 갖추다)

7) 동물들이 살기 좋은 (※ V-기 좋다)

03. • 환경이 깨끗해야 한다　　• 안전해야 한다

살기 좋은 도시의 조건에는 어떤 것이 있을까? 우선, 환경이 깨끗해야 한다. 도시는 대개 인구 밀도가

높아서 교통이 복잡하고 생활 쓰레기도 많이 배출된다. 이런 환경은 시민들의 건강을 해치고 생활에 불편을 준다. 다음으로, 살기 좋은 도시는 안전해야 한다. 누구나 마음 놓고 다닐 수 있는 도시야말로 좋은 도시라고 할 수 있다. 특히, 밤늦게 다녀도 안심할 수 있고 범죄 발생률도 낮아서 아이를 키워도 불안하지 않은 도시라야 한다.

라. 수준별 연습하기 2 (p.119-121)

01. 2) 누구나 사랑하는 사람과 행복하게 살고 싶어 한다.

3) 삶에서 가장 중요한 것은 의미 있는 일을 하면서 나의 행복을 찾고 사회 발전에 기여하는 것이다.

4) 성공의 필수 조건은 실패를 두려워하지 않고 새로운 일에 도전하는 것이다.

5) 여행지를 결정할 때 고려해야 할 사항으로 여행 기간이나 비용을 들 수 있다.

02. 2) 몰두하다 보면, 잃을 수 있다

3) 구입할 때, 따져 봐야 한다

4) 나은, 경청해야 한다

5) 고려해야 하는[고려해야 할]

6) 지원해야, 마음 놓고

03. • 타 문화를 받아들이는 열린 태도   • 세계 정치 및 경제에 대한 폭넓은 지식

　세계화 시대에 필요한 인재의 조건은 다음과 같다. 먼저 타 문화를 받아들이는 열린 태도를 가져야 한다. 요즘은 다국적 기업들이 많아져서 회사원들도 세계를 무대로 일하기 때문에 해외 출장도 잦고 사업 목적으로 외국인도 자주 만난다. 따라서 타 문화를 수용하지 못하면 업무 수행에 지장이 생길 수밖에 없다. 또한 세계 정치 및 경제에 대한 폭넓은 지식을 갖춰야 한다. 지금은 국가 간 교류 증대로 다른 나라의 정치·경제 상황에 영향을 받는 시대가 되었으므로 세계의 변화를 읽고 미래를 예측하기 위해서는 그러한 지식이 없으면 안 된다.

❸ 태도 쓰기

다. 수준별 연습하기 1 (p.124-125)

01. 2) 무엇보다 중요한 것은 실패에 대한 두려움을 극복하는 일이다.

3) 세계화 시대에는 다른 나라의 문화를 존중하는 태도가 필요하다.

4) 반려동물을 키울 때(는) 책임감을 가지지 않으면 안 된다.

5) 부탁을 거절할 때(는) 상대방이 상처 받지 않도록 말을 부드럽게 해야 한다.

02. 1) 다음에는 더 잘할 수 있다는 믿음이 (※ A/V-다는 믿음이 필요하다)

2) 좋은 결과를 얻을 (※ A/V-아/어야   V-(으)ㄹ 수 있다)

3) 피해를 입었을 (※ V-았/었을 때)

4) 충동구매를 하지 않도록 (※-지 않도록 주의해야 하다)

5) 가까운 사이여도 / 가까운 사이라도 (※ 아무리 N이어도/여도[N(이)라도] / A/V─아/어도)

6) 범죄에 악용될 수 있으므로 (※ A/V─(으)므로 조심해야 하다)

7) 지금 내가 왜 그런 감정을 느끼는지 (※ 왜 A─(으)ㄴ지 / V─는지 / A/V─았/었는지 알아야 하다)

03. 평소 SNS에 글이나 사진을 많이 올리는 사람은 개인 정보 노출을 조심해야 한다. SNS에서는 누구에게나 모든 정보가 공개되기 때문에 얼굴이나 사는 곳 등이 쉽게 알려질 수 있다. 그래서 사이버 폭력이나 범죄에 노출될 위험이 있다. 또한 SNS에 중독되지 않도록 주의해야 한다. 날마다 시간 가는 줄 모르고 SNS를 하다가 안 하게 되면 불안해지고 SNS에 집착하게 된다. 따라서 이런 증상이 나타난다면 SNS에 너무 의존하고 있는 것은 아닌지 돌아볼 필요가 있다.

라. 수준별 연습하기 2 (p.126-128)

01. **2)** 인터넷을 이용할 때는 타인의 사진이나 정보를 함부로 올리거나 퍼뜨리면 안 된다.

3) 경기에 졌을 때는 결과를 깨끗하게 받아들이는 자세가 필요하다.

4) 면접을 볼 때는 면접관에게 좋은 인상을 줄 수 있도록 어깨를 펴고 바른 자세로 앉아야 한다.

5) 토론할 때는 상대방의 주장에 객관적인 근거가 있는지 꼼꼼하게 살필 필요가 있다.

02. **1)** 모색해야

2) 과도한, 경계해야

3) 드러내기, 신중하게

4) 확산되자, 대처했다

5) 방지하기, 바람직하다

6) 협조하는, 우선시해야 한다

03. •광고 내용을 그대로 믿지 말고 비판적으로 보기   •상품 정보를 확인해 보는 습관 가지기

  일반적으로 상업 광고는 상품 판매를 목적으로 한다. 그래서 장점만 보여 주고 단점은 잘 보여주지 않는다. 따라서 우리는 상업 광고를 볼 때 광고 내용을 그대로 믿지 말고 비판적으로 봐야 한다. 그리고 광고를 보고 관심이 가더라도 충동구매를 피하고 상품 정보를 확인해 보는 습관을 가져야 한다. 먼저 인터넷 검색을 통해 상품의 장점이 과장되지 않았는지, 어떤 단점이 있는지 등에 대해 꼼꼼하게 살펴볼 필요가 있다.

---

❹ 종합 쓰기 연습 (p.129-131)

01. ① **단락1 중심 문장** : 리더는 그런 갈등을 해결하는 역할을 하기 때문에 중요하다. / 또한 예상하지 못한 위기가 찾아왔을 때도 리더의 대처 능력은 중요하다.

단락2 중심 문장 : 따라서 무엇보다 정확한 판단력을 가져야 한다. / 또한 리더는 소통 능력이 있어야 한다.

단락3 중심 문장 : 그러므로 리더는 충분한 소통 없이 독단적으로 의사 결정을 하지 않도록 주의해야 한다.

／ 그리고 리더는 성과 우선주의에 빠지지 않도록 조심해야 한다.

② 〈그러면〉, 〈또한〉, 〈이처럼〉, 〈따라서〉, 〈그래야〉, 〈또한〉, 〈그러므로〉, 〈그리고〉, 〈물론〉

③ 그런 갈등, 그런 역할

④ 의견에 귀를 기울이지 않으면, 피로감이 쌓이게 되고

03. 　실시간 온라인 수업은 교사와 학생, 학생과 학생이 같은 시간에 온라인에서 만나 수업을 하는 것을 말한다. 교사가 녹화한 영상을 올리면 학생들이 각자 시청하는 비대면 온라인 수업 방식이 아니기 때문에 자유롭게 소통할 수 있다. 게다가 수업 시간이 정해져 있어서 규칙적인 생활이 가능하며 통학 시간도 절약할 수 있어서 좋다. 특수한 상황이기는 하지만 감염병이 확산되는 시기에는 온라인 수업을 함으로써 감염병 확산을 막을 수 있다는 장점도 있다.

　그렇지만 좋은 점만 있는 것은 아니다. 온라인 수업에서는 학교 수업에서처럼 쉬는 시간이나 등하교 시간에 친구와 자연스럽게 이야기를 하며 가까워질 기회가 거의 없다. 그래서 친구들이나 선생님과 관계를 형성해 가는 방법을 배워야 할 어린 아이일수록 온라인 수업의 부작용이 크게 나타날 수 있다. 또한 실시간 온라인 수업 역시 비대면 온라인 수업과 마찬가지로 팀별 학습 활동에 제약이 있으며 긴장감이 떨어져서 학생들의 집중도가 낮아진다는 단점이 있다.

　따라서 이러한 단점을 줄이기 위해서는 먼저 학생들의 경우, 수업 시간에 집중력을 유지할 수 있도록 의식적으로 노력해야 한다. 집중에 방해가 되는 물건을 보이지 않는 장소에 두고 공부 환경을 조성할 필요가 있다. 교사는 부족한 팀별 활동을 보완할 수 있도록 다양한 온라인 수업 도구를 활용해 학생들의 참여를 유도해야 할 것이다.

Ⅲ 　과제별 쓰기 · PART 3

❶ 역할 쓰기

다. 수준별 연습하기 1 (p.136)

01. 　1) 동기는 힘든 과정을 참을 수 있도록 해 준다.

　2) 학습 동기가 부족하면 왜 공부해야 하는지 모르기 때문에 공부에 대한 의욕이 떨어진다.

　4) 인터넷 뉴스는 새로운 소식이나 정보를 신속하게 전달해 주는 역할을 한다.

라. 수준별 연습하기 2 (p.137)

01. 　• 정보 공유를 통해 신속하게 의사결정을 하게 함 　　• 새로운 아이디어를 발견하는 데 도움이 됨

　여러 사람이 모여 일하는 곳에서는 회의가 중요한 역할을 한다. 회의는 정보 공유를 통해 신속하게 의사결정을 할 수 있도록 도와주기 때문이다. 같이 일하는 인원이 많을수록 정보를 공유하고 소통을 하는 데 어려움이 생기는데 회의는 그런 문제를 해소시켜준다. 또한 회의는 새로운 아이디어를 발견하는 데에도 도움이 된다. 같

은 목표를 가진 사람들이 한 자리에 모여서 업무에 관한 논의를 하다 보면 혼자서는 생각하지 못했던 아이디어나 문제 해결 방법이 나오기도 한다.

❷ 방법 쓰기

다. 수준별 연습하기 1 (p.140)

01. **1)** 등장인물들의 대화를 듣다 보면 생활 속에서 많이 사용하는 표현을 배울 수 있기 때문이다.
　　2) 처음에는 번역 자막을 보고 나중에는 자막 없이 영상물을 보는 것이 좋다.
　　3) 개인 블로그나 SNS에 날마다 글을 쓰는 것이 좋다.
　　4) 여행의 목적에 따라서 휴식형 여행이나 체험형 여행을 선택할 수 있다.

라. 수준별 연습하기 2 (p.141)

01.　• 기부 단체를 통해 물품이나 후원금 지원　　• 자선 단체를 통해 재능을 기부함

　기부를 하고 싶어도 어떻게 해야 할지 방법을 몰라서 시작하지 못하는 사람들이 적지 않다. 기부 캠페인은 많이 하는 데 반해 기부 방법은 의외로 잘 알려져 있지 않은 탓이다. 가장 쉽게 할 수 있는 방법은 기부 단체를 통해 물품이나 후원금을 지원하는 것이다. 대표적으로 '아름다운 가게'에서는 옷, 책 등 물품 기부를 받고 있다. 직접 매장에 가서 물품을 기부하거나 매장으로 택배를 보내면 된다. 다른 하나는 자선 단체를 통해 재능을 기부하는 방법이 있다. 사진을 잘 찍는 사람의 경우 판매 수익으로 어려운 사람들을 도와주는 '빅이슈'와 같은 잡지사에서 사진 촬영을 도울 수도 있다.

❸ 선택 쓰기

다. 수준별 연습하기 1 (p.144)

01. **1)** 기후 변화, 무분별한 개발 등으로 사라질 위기에 있는 동물들이 많아지고 있다.
　　2) 동물들을 안전하게 보호하는 동물원의 역할이 그 어느 때보다 중요해졌다.
　　3) 원자력 발전소는 안전성이 떨어지므로 폐지해야 한다.
　　4) 안락사는 인간이 마지막까지 존엄하게 살 수 있도록 해 주므로 허용해야 한다.

라. 수준별 연습하기 2 (p.145)

01.　• 결과만 좋으면 된다고 생각하는 사람이 많아짐　　• 경쟁이 심해져서 협업이 어려워짐

　결과에 따른 보상 제도는 직장에서 업무 실적이 좋은 사람에게 월급 인상, 승진 등의 혜택을 주는 것을 가리킨다. 나는 이런 제도에 반대한다. 결과만 좋으면 된다고 생각하는 사람들이 많아질 수 있기 때문이다. 결과만

지나치게 중시하면 민주적이고 합리적인 결정을 위해 마련해 놓은 절차나 규정 등을 지키지 않아 문제가 발생하게 된다. 또한 보상을 얻기 위한 경쟁이 심해져서 협업이 어려워질 수 있다. 동료를 경쟁자로 생각하며 일을 하면 정보 공유와 소통이 제대로 이루어지지 않아서 결과적으로는 업무 효율도 떨어지게 된다.

❹ 경우 쓰기

> **다. 수준별 연습하기 1** (p.148)

01. 1) 실수를 줄이기 위해 경험자에게 조언을 구해야 할 때가 있다.
    2) 만약 AI 개발자가 되고 싶다면 그 분야에서 일하고 있는 사람들의 조언이 큰 힘이 될 것이다.
    3) 고민을 들어주거나 위로를 해 줄 때 공감 능력이 필요하다.
    4) 사람은 인생에서 잘못된 선택으로 나쁜 결과가 나왔을 때 후회한다.

> **라. 수준별 연습하기 2** (p.149)

01. • 병에 걸렸을 때   • 경제적인 여유가 없을 때   • 사회 변화에 적응하기 어려울 때

   신체 기능이 떨어지는 노년기에는 여러 어려움을 겪게 된다. 특히 병에 걸렸을 때 노인들은 통증에 시달릴 뿐만 아니라 활동이 어려워져서 심리적으로도 자신감이 크게 떨어진다. 게다가 저축해 둔 돈이 없어서 경제적인 여유가 없을 때 노인들의 생활은 더욱 궁핍해진다. 그러나 제대로 된 직업을 구하기도 힘들뿐더러 일을 하더라도 큰돈을 벌기 어렵다. 마지막으로 노인들은 빠른 사회 변화에 적응하는 데 어려움을 겪는다. 은행만 해도 송금, 이체 등을 인터넷으로 하도록 바꾸고 찾아갈 수 있는 은행을 계속해서 줄이고 있다. 이로 인해 인터넷에 익숙하지 않은 노인들은 간단한 송금조차 하기 어려워진 것이다.

❺ 특징 쓰기

> **다. 수준별 연습하기 1** (p.152)

01. 1) 청소년기는 아이에서 어른으로 성장해 가는 시기이다.
    2) 청소년기에는 가치관이 분명하지 않기 때문에 주변 환경의 영향을 많이 받는다는 특징이 있다.
    3) 정보화 사회에서는 지식과 정보의 활용이 성공의 바탕이 된다.
    4) 인터넷 신조어는 그 사회의 상황을 반영하고 풍자한다는 특징이 있다.

> **라. 수준별 연습하기 2** (p.153)

01. • 인구가 밀집되어 있음   • 문화 시설이 잘 갖추어져 있음

   서울, 뉴욕, 베이징, 도쿄 등은 도시 중에서도 규모가 큰 도시에 속한다. 이러한 대도시의 공통된 특징은 인구

가 밀집되어 있다는 것이다. 대도시에는 수많은 기업들과 공공 기관이 있기 때문에 좋은 일자리가 많아서 국내는 물론이고 국외에서도 사람들이 찾아 온다. 또한 대도시는 중소 도시나 농촌에 비해서 문화 시설이 잘 갖추어져 있다는 특징도 있다. 인구가 적은 곳에는 수요가 적기 때문에 전시장이나 공연장과 같은 문화시설이 들어서기 어려운 것이 사실이다. 이에 반해 대도시에는 인구도 많고 다양한 재능과 취향을 가진 사람들이 모여 있어서 특별한 문화 행사도 많이 열리므로 문화 시설이 발달할 수밖에 없다.

❻ 종합 쓰기 연습 (p.154–156)

01. ① **단락1 중심 문장** : 남자는 강하고 독립적인 데 반해 여자는 약하고 의존적인 특성이 있다고 보는 것이 있다.

단락2 중심 문장 : 먼저 대중 매체의 영향을 들 수 있다. / 두번째 요인으로는 교육 환경의 영향이 있다.

단락3 중심 문장 : 그러나 남녀의 역할은 정해진 것이 아니므로 그런 고정관념을 깰 수 있도록 노력해야 한다.

② 〈그래서〉, 〈또〉, 〈그렇다면〉, 〈먼저〉, 〈그래서〉, 〈이처럼〉, 〈그러나〉, 〈또한〉

③ 그러한 고정관념의 예, 이러한 고정관념, 그런 고정관념

④ 담당해야, 아주 힘든 일이다

03. 요즘은 과학기술의 발달로 누구나 시공간의 제약 없이 인터넷에 접속할 수 있다. 인터넷에 접속하는 순간, 우리는 또 하나의 새로운 세상에 들어가게 된다. 그곳이 바로 사이버 공간이다. 사이버 공간에는 현실과 다른 특징이 나타나는데, 가장 두드러지는 것이 바로 '익명성'이다. 여기에서는 현실에서와 달리 자신의 진짜 이름과 얼굴을 감추고 타인과 교류할 수 있다. 두 번째는 '정보의 개방성'이다. 연령과 지위에 관계없이 누구든지 사이버 공간 속에서 수많은 정보와 지식을 얻을 수 있다.

문제는 사이버 공간에서 익명성을 악용해 다른 사람을 비웃거나 심한 말로 공격하는 사람들이 많다는 것이다. 유명 인사의 소식을 전하는 기사에 수많은 악성 댓글들이 달리는 것은 그러한 문제점을 잘 보여준다. 또 확인되지 않은 사실이나 지나치게 개인적인 정보까지 인터넷 게시판을 통해 빠르게 공유되고 확산되는 것도 큰 문제이다. 사이버 공간이 가짜 뉴스를 끊임없이 생산해 냄으로써 사람들을 피로하게 만들고 사회 갈등을 일으키고 있는 것이다.

그러므로 이러한 문제점을 최소화하기 위해서는 사이버 공간에서 예절을 지키는 것이 무엇보다 중요하다. 사이버 공간에서의 예절은 다음과 같다. 첫째, 타인을 이유 없이 비난하거나 악성 댓글을 달면 안된다. 둘째, 타인의 사생활을 존중해야 한다. 본인이 허락하지 않은 사진이나 글, 개인 정보를 함부로 공유하지 않도록 조심할 필요가 있다.

❶   최근 로봇은 부족한 노동력 문제를 해결할 수 있는 대안으로 주목받고 있다. 로봇은 사람들이 하기 힘든 위험한 일도 할 수 있고 서비스를 제공할 수도 있다. 예를 들면 재난 사고 현장에서 사람을 구조하기도 하고 위험한 장소에 들어가 안전 점검을 하기도 한다. 또한 혼자 지내는 노인들을 돌보는 로봇도 있다. 이처럼 로봇은 부족한 일손을 대체할 수 있으므로 긍정적인 효과가 크다고 할 수 있다.

    그러나 문제점이 없는 것은 아니다. 우선 로봇 시장의 확대는 일자리에 영향을 미친다. 특히, 공장이나 서비스업에 종사하는 사람들이 일자리를 잃게 될 것이다. 설령 로봇으로 인해 새로운 일자리가 생긴다고 해도 이것은 매우 제한적이므로 대량 실업에 대한 해결책이 될 수 없다. 다음으로 로봇은 사람처럼 그 일이 옳은지에 대해 윤리적 판단을 할 수 없으므로 문제를 일으킬 수 있다. 로봇은 지시와 명령에 의해 움직이기 때문에 윤리적으로 옳지 않더라도 그 일을 할 수 있다.

    따라서 이러한 문제를 최소화하기 위한 노력이 필요하다. 먼저 로봇과 사람이 서로 도우면서 일할 수 있는 환경을 만들어야 한다. 로봇의 기능적인 면을 활용하되 윤리적인 부분은 사람이 판단하게 한다면 장점은 살리고 단점은 줄이는 효과를 얻을 수 있을 것이다. 또한 사람들도 로봇 시대에 맞는 직업 능력을 개발해야 한다. 그래야 경제적 여건도 개선되고 삶의 질도 올라가게 될 것이다.

❷   쓰레기를 줄이고 재활용을 늘리는 것은 환경을 지키기 위해 반드시 필요하다. 재활용을 하면 새로운 물건을 만드는 데 드는 에너지를 절약할 수 있다. 그래서 경제적으로도 도움이 되고 쓰레기도 줄이는 일석이조의 효과를 볼 수 있다. 또한 재활용을 함으로써 자원의 낭비를 막을 수 있다. 즉, 재활용은 소중한 자원을 지키는 일이다.

    이렇듯 재활용이 꼭 필요한 일임에도 불구하고 실제로 재활용이 이루어지는 비율은 생각보다 높지 않다. 그 이유는 무엇일까? 우선 분리배출에 문제가 있다. 사람들이 쓰레기를 잘 분리해서 배출하지 않기 때문이다. 재활용이 가능한 것을 구분하지 않고 섞어서 버리는 경우가 많다. 또한 재활용 물건을 만드는 데 드는 비용이 높아서 재활용을 포기하는 예도 흔히 볼 수 있다. 어떤 경우에는 새 제품을 만드는 것보다 비용 부담이 크다고 한다. 생산 비용을 낮추려고 처음 물건을 생산할 때부터 재활용이 어려운 재질을 사용한 탓이다.

    따라서 재활용을 활성화하기 위해서는 시민들이 재활용이 가능하도록 정확하게 분리해서 배출해야 한다. 다소 번거롭지만 환경을 위한 분리 배출 습관을 만들어야 할 것이다. 그리고 재활용 업체에서도 생산 시스템을 효율적으로 운영해서 비용을 줄이도록 노력해야 한다. 이를 위해 정부에서도 지원을 해야 하며 시민들에게도 다양한 재활용 물건을 구입할 수 있는 기회를 열어 줘야 할 것이다.

❸   사람들은 자신이 속한 공동체 사회에서 많은 사람들과 다양한 관계를 맺으면서 살아간다. 이때 가장 중요한 것이 신뢰이다. 어떤 사람과 친구 관계를 맺기 시작할 때 그 사람이 믿을 만한 사람인지 아닌지는 아주 중요하다. 왜냐하면 신뢰할 수 있는 사람들을 만나면 스트레스도 적고 갈등도 적기 때문에 편안한 관계를 유지할 수 있다. 그리고 그러한 신뢰 관계를 바탕으로 더 성장하고 발전할 수 있으므로 경쟁력도 키울 수 있다.

    그러나 신뢰를 잃게 되면 개인적으로도 문제가 생기지만 사회적으로도 적지 않은 문제가 발생한다. 불신은 곧 의심으로 이어지기 때문에 그 말이 사실인지 아닌지를 판단하기 위해서 많은 비용과 시간이 든다. 그뿐만 아니라 자신이 피해를 입고 있는 것은 아닌지 불안해지고 일에 집중하지 못한다. 더 큰 문제는 진실 여부를 두고 사람들 사이에 갈등이 생기고 분열이 일어날 수 있다는 것이다.

따라서 신뢰를 유지하기 위해서는 두 가지를 지켜야 한다. 먼저 약속을 지켜야 한다. 약속은 두 사람이 함께 결정한 일이기 때문에 힘든 사정이 있더라도 반드시 지키는 것이 좋다. 또한 아무리 사소한 것이라도 소중하게 생각하고 이를 지키려는 노력이 필요하다. 그렇게 하기 위해서는 자신이 한 말을 실천하고자 하는 마음가짐이 필요하다. 그 사람의 말을 믿지 못할 때 그 사람에 대한 신뢰가 무너지기 때문이다.

Ⅳ 실전 종합 연습 2 (p.159)

❶ 　요즘은 교통도 발달하고 여행 정보를 얻기도 쉬워서 여행에 대한 수요는 계속 증가하고 있다. 관광객이 늘어남으로써 나타나는 긍정적 측면은 우선 경제적인 효과가 크다는 것이다. 관광객에게 서비스를 제공하는 일자리가 만들어지고 관광객들이 쓰는 돈으로 지역 경제도 활성화된다. 게다가 그 지역의 물건이나 시설을 홍보하는 효과도 있다. 특히 요즘은 사회관계망서비스를 이용하는 사람들 덕분에 어떤 지역이 갑자기 유명해지기도 한다.

그러나 관광객 급증으로 인해 생기는 문제도 적지 않다. 우선 관광지 주변에 살고 있는 주민들이 불편을 겪게 된다. 일부 관광객들은 여행 기분을 만끽하느라 쓰레기도 함부로 버리고 주민들을 배려하지 않는 행동을 한다. 또한 관광객을 맞이하는 상인들 또한 관광객을 돈벌이 수단으로만 보고 바가지 요금을 씌우는 경우도 있다. 그래서 관광 산업은 여행을 하는 사람들에게도 관광객을 맞이하는 사람들에게도 부정적인 결과를 가져올 수 있다.

그렇다면 관광 산업이 나아가야 할 바람직한 방향은 무엇일까? 우선 짧은 시간에 많은 지역을 이동하면서 다니는 여행 상품을 줄이는 것이 좋다. 여유 없이 급하게 다니다 보면 지역 주민들에게 피해를 줄 수 있다. 또한 환경 문제를 생각해서 비수기 때 관광객 수를 제한하는 제도를 도입하는 것도 좋을 것이다. 앞으로 관광 산업은 그 지역의 주민들과 환경을 보호하는 방향으로 이루어져야 할 것이다.

❷ 　소비 생활을 할 때 고려해야 할 사항은 두 가지이다. 첫 번째는 합리적 소비이다. 합리적 소비란 자신의 소득 수준에 맞는 소비를 말한다. 소득에 비해 턱없이 높은 고가의 제품을 사는 것은 합리적인 소비라고 할 수 없다. 다음으로 친환경 소비이다. 자신의 소비가 환경에 도움이 되는지 생각해 봐야 한다. 물건 값이 싸도 환경에 나쁜 영향을 끼치는 물건, 일회성 물건들은 고려해야 될 사항들이다.

만약 소비를 할 때 이러한 사항을 고려하지 않는다면 문제가 생길 수 있다. 먼저 합리적인 소비를 하지 않고 과소비를 하거나 충동구매를 많이 할 경우 경제적인 부담이 커진다. 그래서 저축은커녕 돈을 빌려서 생활을 할 수밖에 없다. 그리고 환경을 생각하지 않고 소비를 한다면 장기적으로 그 피해는 우리 자신에게 돌아온다. 우리가 산 물건들이 얼마 못 가서 쓰레기가 되고 잘 썩지 않아 환경오염이 심해지면 우리도 건강하게 살 수 없다.

따라서 바람직한 소비 생활을 실천하기 위해서는 우선 합리적인 소비를 위해서 소비 계획을 미리 세우는 것이 좋다. 미리 쓸 돈을 정해 두고 거기에 맞춰 쓴다든지 가계부를 적어 보는 것도 좋은 방법이다. 또한 환경에 도움이 되는 친환경 소비를 위해서는 평소에 친환경 제품을 많이 만드는 기업에 관심을 가지고 그런 제품을 쓰도록 노력해야 한다. 특히, 농산물의 경우에는 그 지역에서 생산하는 친환경 제품을 사는 것이 좋다.

❸   시대와 지역, 사람에 따라 다르기는 하지만 차별은 항상 우리 주변에 존재해 왔다. 차별의 종류 또한 다양하다. 대표적인 것으로는 남녀 간의 차별을 비롯해서 인종 차별, 외국인 차별 등이 있다. 남녀 간의 차별은 많이 개선되었지만 아직도 존재한다. 인종차별은 세계적으로 문제가 되고 있으며 특히, 다인종 국가에서 특정 인종에 대한 차별이 종종 나타난다. 또한 세계화의 영향으로 국적이 다른 사람들이 모여서 일하는 곳에서는 외국인에 대한 차별도 존재한다.

이러한 차별은 편견에서 시작되지만 행동으로 나타날 경우 사회적으로 문제를 일으킨다. 예를 들면 평소에 그런 생각을 가지고 있는 사람들이 어떤 사건을 계기로 사람들에게 직접적인 피해를 주면 사회적으로 불안감이 생긴다. 피해를 당한 사람들의 분노가 커지면 결국 충돌하게 될 수도 있다. 사회 구성원들끼리 협력하지 않고 서로 미워하게 되면 모두에게 큰 상처를 남기게 된다.

이렇듯 차별로 인한 사회적 문제를 극복하기 위해서는 생각과 태도를 바꾸도록 노력해야 한다. 보통 차별은 편견에서 시작되고 편견은 경험에서 비롯된다. 자신이 경험했다고 해서 모든 사람이 그렇다고 생각하면 안 된다. 이성적으로 판단하고 관용적인 태도를 가질 필요가 있다. 또한 누구나 차별로부터 보호받을 수 있도록 사회적인 제도를 마련해야 한다. 제도는 차별 문화가 사회 전체로 확산되지 않도록 막아주는 역할을 하기 때문이다.

1

주 관 식 답 란 (Answer sheet for composition)

아래 빈칸에 600자에서 700자 이내로 작문하십시오(띄어쓰기 포함)
(Please write your answer below; your answer must be between 600 and 700 letters including spaces.)

50

100

150

200

250

300

350

400

450

500

550

600

650

700

※ 주어진 답란의 방향을 바꿔서 답안을 쓰면 '0'점 처리됩니다.
　(Please do not turn the answer sheet horizontally. No points will be given.)

2	주 관 식 답 란 (Answer sheet for composition)
	아래 빈칸에 600자에서 700자 이내로 작문하십시오(띄어쓰기 포함) (Please write your answer below; your answer must be between 600 and 700 letters including spaces.)

					50
					100
					150
					200
					250
					300
					350
					400
					450
					500
					550
					600
					650
					700

※ 주어진 답란의 방향을 바꿔서 답안을 쓰면 '0'점 처리됩니다.
  (Please do not turn the answer sheet horizontally. No points will be given.)

3

주 관 식 답 란 (Answer sheet for composition)

아래 빈칸에 600자에서 700자 이내로 작문하십시오(띄어쓰기 포함)
(Please write your answer below; your answer must be between 600 and 700 letters including spaces.)

50

100

150

200

250

300

350

400

450

500

550

600

650

700

※ 주어진 답란의 방향을 바꿔서 답안을 쓰면 '0'점 처리됩니다.
  (Please do not turn the answer sheet horizontally. No points will be given.)

1	주 관 식 답 란 (Answer sheet for composition)
	아래 빈칸에 600자에서 700자 이내로 작문하십시오(띄어쓰기 포함) (Please write your answer below; your answer must be between 600 and 700 letters including spaces.)

<!-- empty answer grid with markers at 50, 100, 150, 200, 250, 300, 350, 400, 450, 500, 550, 600, 650, 700 -->

※ 주어진 답란의 방향을 바꿔서 답안을 쓰면 '0'점 처리됩니다.
  (Please do not turn the answer sheet horizontally. No points will be given.)

주 관 식 답 란 (Answer sheet for composition)

아래 빈칸에 600자에서 700자 이내로 작문하십시오(띄어쓰기 포함)
(Please write your answer below; your answer must be between 600 and 700 letters including spaces.)

	50
	100
	150
	200
	250
	300
	350
	400
	450
	500
	550
	600
	650
	700

※ 주어진 답란의 방향을 바꿔서 답안을 쓰면 '0'점 처리됩니다.
  (Please do not turn the answer sheet horizontally. No points will be given.)

3

주 관 식 답 란 (Answer sheet for composition)

아래 빈칸에 600자에서 700자 이내로 작문하십시오(띄어쓰기 포함)
(Please write your answer below; your answer must be between 600 and 700 letters including spaces.)

50

100

150

200

250

300

350

400

450

500

550

600

650

700

※ 주어진 답란의 방향을 바꿔서 답안을 쓰면 '0'점 처리됩니다.
  (Please do not turn the answer sheet horizontally. No points will be given.)